KB062876

책으로
행복한
북적북적
책놀이

책으로 행복한 북적북적 책놀이

초판 1쇄 2018년 9월 10일
초판 7쇄 2023년 7월 1일

글쓴이 | 전국학교도서관 인천모임 책친구
펴낸곳 | 도서출판 단비
펴낸이 | 김준연
편집 | 최유정
등록 | 2003년 3월 24일(제2012-000149호)
주소 | 경기도 고양시 일산서구 고양대로 724-17, 304동 2503호 (일산동, 산들마을)
전화 | 02-322-0268
팩스 | 02-322-0271
전자우편 | rainwelcome@hanmail.net

ISBN 979-11-6350-001-8   03370
값 18,000원

책으로 행복한 북적북적 책놀아

전국학교도서관
인천모임 책친구 글

단비
danbi

C o n t e n t ————————————

머리글 **책과의 놀이를 許하라!** … 009

1부 지식정보처리역량

01 갈래 찾기 … 016

02 책빙고 – 독서 빙고놀이 … 023

03 우물 안 키워드 … 029

04 이어팡 … 035

05 독서 말판 달리기 … 041

06 테마틱 … 050

07 진진가 … 056

08 뱀 주사위 책놀이 … 062

09 줄줄이 말해요 … 068

2부 창의적사고역량

01 공기뽑기 ⋯ 076

02 마디빙고 ⋯ 081

03 내가 기억하는 그 장면 ⋯ 086

04 열맞춰 ⋯ 091

05 우리는 하나지 ⋯ 096

06 너의 이름은 ⋯ 102

07 아나바다 - 아껴쓰고 나눠쓰고 바꿔쓰고 다시쓰기 ⋯ 107

3부 심미적감성역량

01 책친구 놀이 ⋯ 114

02 소곤소곤 짝짝 ⋯ 119

03 마음이 통통 ⋯ 123

04 우리는 하나유 - 몸으로 생각 표현하기 ⋯ 129

05 말 달리자! - 달리 하자, 빨리 하자. ⋯ 134

06 같이시 외우구 승리동 ⋯ 139

Content ——————————————

4부 의사소통역량

01 감(感) 잡았어 - 숨은 감정 찾기 … 146

02 몸 말리는(몸, 말, 그리는) 주사위 … 154

03 정의의 종이배 … 163

04 기호 다섯 고개 … 171

05 손가락으로 통해요 … 178

06 당연하지! 게임 … 183

5부 공동체역량

01 KDC 젠가 ⋯ 190

02 KDC 다빈치코드 ⋯ 196

03 도서관표 할리갈리 ⋯ 202

04 북딩고 ⋯ 208

05 책벌레 ⋯ 214

06 그 책을 알고 싶다 ⋯ 222

07 최고의 책 ⋯ 230

08 도빙고 - 도서관 빙고게임 ⋯ 238

09 1318 책벌레들의 도서관 추적놀이 ⋯ 245

책과의 놀이를 許하라!

'읽고 싶은'이 아닌 '읽어야만 하는' 책 읽기

사실 독서가 항상 즐거운 것만은 아니다. 특히 '읽고 싶은'이 아닌 '읽어야만 하는' 경우에는 즐거움은 고사하고 심지어 끔찍하기까지 하다. 프랑스에서는 '읽다'를 속된 말로 '꼼짝없이 매였다'라고 한다. 프랑스나 우리나라나 '읽어야만 하는' 책은 그리 매력적인 대상이 아닌 것 같다. 그러다 보니 독서가 입시에 도움이 된다는 이유만으로 아이들에게 약간의 회유를 곁들인 강제적인 독서를 강요하는 경우가 있다. 그 아이에게 독서는 더 이상 행복한 경험이 아니다. 독서 또한 입시의 영향을 많이 받는다. 아무래도 마음의 여유가 있어야 자유로운 독서가 가능한지라 입시의 압박감과 학습량이 많아질수록 책에서 더 멀어지게 된다. 학교에서 문제풀이 형태의 공부를 강조하고, 보충학습이다 야간자율학습이다 하며 아이들에게 심리적으로 또 육체적으로 압박을 주다 보니 아이들이 책에 관심을 줄 여유가 점점 적어진다. 실제 2000년대 초반 학교도서관과 독서교육이 세상의 주목을 받게 되고, 논술교육까지 덧붙여지면서 한때 독서열풍이 불기도 했다. 그러다가 영어교육과 일제고사 등의 학업성취도 평가가 강조되면서 학교현장의 독서교육은 어려움을 겪게 되었다. 심한 경우에는 예전에 비해 학교도서관 이용자들이 반으로 줄어든 경우도 있었다. 그에 따른 반대급부로 대학입시에 독서이력을 반영시키려는 시도가 있었지만 사교육을 조장하는 등 여러 문제점이 지적되어 없던 일이 되기도 했다. 2015개정교육과정에서는 '한 학기 한 책 읽기'라는 이름으로 독서가 교육과정 속으로 들어온다. 이에 대한 기대와 우려가 함께 존재한다.

독서는 즐거운 것이어야 한다

독서는 즐거운 것이어야 한다. 공부를 위한 독서, 숙제로 하는 독서, 시켜서 하는 독서를 통해서는 금방은 효과가 있는 것 같아도 얼마 가지 않는다. 학교에서 독서 교육을 하는 이유는 아이들이 독서의 소중함과 필요성을 느끼고 독서를 생활화하면서 평생 독자를 길러 내는 것이다. 평생 독자를 길러 내기 위해서는 여러 가지 선결 과제를 해결해야 한다. 무엇보다 학생들이 독서를 생활화하게 해야 한다. 그러기 위해서는 좋은 책을 마련해 주는 것, 독서환경을 풍부히 제공해 주는 것, 재미를 느낄 수 있는 활동을 부여하는 것 등이 모두 필요하다. 독서는 습관이고 문화이다. 아이들을 독서의 세계로 이끌기 위해서는 아주 어린 아이였을 때부터 자연스럽게 도서관을 이용할 수 있도록 거리마다 공공도서관, 마을도서관 등을 세우고 그 나이에 맞는 독서프로그램을 운영하여 자연스럽게 책을 좋아할 수 있도록 이끌어 주어야 한다. 그리고 학교에 입학하게 되면 다양하고 체계적인 독서프로그램을 통하여 책 읽는 습관을 형성하게 하여야 한다. 행복한 독서, 삶의 독서를 경험하지 못한 사람은 평생 독자가 될 수 없다.

책 읽기가 아이들의 놀이처럼 재미있다면

네덜란드의 문화사학자인 호이징가는 인간을 '호모루덴스', 즉 놀이하는 존재라고 규정하였다. 이는 인간 내면이 지닌 원초적인 유희 본능을 강조한 것이라고 할 수 있다. 자연인으로서의 인간이 지닌 본연의 모습은 오늘날 아이들에게서 쉽게 찾을 수 있다. 아이들에게는 어른들이 지닌 자기억제 본능을 찾아볼 수 없기 때문이다. 아이들의 세계에서는 공부도 중요하지만 친구들과의 놀이도 삶의 중요한 한 영역이다. 아이들은 놀이를 통하여 새로운 세계를 발견하기도 한다. 아이들에게 가장 중요한 생활은 놀이 활동이다. 아이들의 일상은 거의 놀이 활동을 통하여 이루어진다고 해도 과언이 아니다. 아이들은 놀이를 통하여 주변 세계를 확인할 수 있는 기회를 갖게 되며 그 결과 주변을 인식하고 인과 관계를 이해하게 된다. 즉 아이들은 놀이를 통하여 사회적, 신체적, 지적, 정서적으로 성장을 이루게 되는 것이다. 아이들은 부모나 교사의 시선이 미치지 않는 곳에서 그들만의 놀이를 계속하고, 새로운 놀이를 만들어 나간다. 만약 책 읽기가 아이들의 놀이처럼 재미있다면 이처럼 좋은 독서교육은 없을 것이다.

책 읽기를 싫어하는 아이들에게 다가서는 책놀이

'놀이'는 '놀다'의 어근 '놀'에 접사 '이'가 붙어서 이루어진 말이다. '놀다'라는 동사는 여러 가지 뜻을 가지고 있다. 소극적으로 일을 하지 않고 쉰다는 휴식의 뜻이 있는가 하면, 적극적으로 재미를 즐기기 위해 일정한 놀이 활동을 한다는 뜻도 있다. 책놀이란 책을 읽고 책의 내용과 관련된 놀이 활동을 하거나, 책이 매개가 되어 다양한 경험을 하는 것을 말한다. 그동안 여러 공공도서관이나 학교도서관에서, 또는 교사가 개인적인 독서지도 방법으로 다양한 방식의 책놀이를 개발하고 독서교육 현장에서 여러 사례를 만들어 왔다. 책을 읽는 과정을 보통 독서 전, 독서 중, 독서 후 활동으로 구분할 수 있다. 학교에서의 독서교육은 주로 독서 후 활동에 초점을 맞추고 있다. 책을 좋아하는 아이들에게 책을 읽고 책과 관련된 다양한 활동을 통해 그 재미와 깊이를 더해 가는 활동은 의미가 있다. 그리고 이러한 활동을 통해 책을 읽기 싫어하는 아이들이 책 읽기에 흥미를 가질 수도 있다. 하지만 독서 후 활동 중심의 독서교육 방법은 책 읽기를 싫어하는 아이들을 즐거운 책 읽기로 안내하는 데에는 한계가 존재한다. 책 읽기를 좋아하는 아이들은 굳이 책놀이를 하지 않아도 책을 읽는다. 또한 책 읽기를 싫어하는 아이들은 아예 책에게 가까이 다가가려 하지 않는다. 문제는 책 읽기의 즐거움을 아직 맛보지 못한 아이들이다. 책놀이를 통해 독서 후 활동까지 이르지 못하는 아이들에게 독서 전, 독서 중 활동을 통해 독서의 즐거움을 맛보게 해 주어야 한다. 아이들에게 책 읽기에 대한 동기유발과 흥미를 돋울 수 있게 하는 다양한 활동이 필요하다. 지금까지의 책놀이에 대한 연구와 활동이 독서 후 활동에 주된 초점이 맞추어졌다면 앞으로는 독서 전, 독서 중 활동에서 이루어지는 책놀이에 대한 연구와 프로그램이 더욱 개발되었으면 하는 바람을 가져 본다.

책놀이와 미래사회 핵심역량

2015개정교육과정에서는 미래사회에 대비한 핵심역량으로 지식정보처리역량, 창의적사고역량, 심미적감성역량, 의사소통역량, 공동체역량을 말하고 있다. 책놀이는 이러한 역량을 키워 주는 중요한 독서교육 방법이기도 하다. 이 책에서는 지식정보처리역량 등 다섯 영역에 걸쳐 책놀이 방법을 소개하고 있다. 책이 매개가 되어 함께 놀다 보면 자연스럽게 이러한 역량이 길러질 수 있도록 프로그램을 개발하였다. 학교가 더 없이 행복한 곳이었으면 한다. 책놀이를 통해 독서가 아이들에게 행복한 기억으로, 또 삶의 과정으로 남았으면 한다. 이 책은 그 길에 좋은 친구가 되어 줄 것이다.

1부

지식정보처리역량

문제를 합리적으로 해결하기 위하여 다양한 영역의
지식과 정보를 처리하고 활용할 수 있는 능력

갈래 찾기
책빙고 – 독서 빙고놀이
우물 안 키워드
이어팡
독서 말판 달리기
테마틱
진진가
뱀 주사위 책놀이
줄줄이 말해요

갈래 찾기

글을 읽고 개념을 구조화하여 상위 개념과 하위 개념을 연결하는 놀이이다. 하위 개념에 해당하는 단어나 문장이 어느 상위 개념에 속하는지를 찾기 위해서 글 속에 나오는 개념을 구조화하여 문제를 만들어 놀이에 활용한다. 상위 개념과 하위 개념을 연결 짓는 놀이 과정 속에서 글 속의 주요 개념을 익히는 데 도움이 된다.

• **활동단계** 읽기 후
• **인원** 모둠별 4~6명
• **준비물** 빈 카드(갈래 카드 작성을 위한) 여러 장
• **시간** 15분
• **도구**

⟨상위 개념 카드⟩   ⟨하위 개념 카드⟩

• **방법**

① 사전 활동으로 참여자는 같은 책을 읽는다.

② 모둠장은 빈 카드를 모둠원들에게 각각 4장씩 나누어 준다.

③ 각 모둠원은 자신이 맡은 개념에 대해서 상위 개념 1장, 그와 관련된 하위 개념 3장으로 총 4장의 개념 카드를 완성한다.

   예 상위 개념이 명사라면 하위 개념은 사과, 연필, 책

④ 하위 개념 카드는 골고루 섞은 후 더미를 만들어 가운데에 글자가 보이지 않도록 엎어 놓는다. 상위 개념 카드는 글자가 보이도록 하위 개념 카드 더미 주변에 둥글게 펼쳐 놓는다.

⑤ 모둠원들은 순서대로 돌아가며 하위 개념 카드 더미 속에서 카드를 1장 엎어 놓은 다음, 엎어 놓은 카드에 해당되는 상위 개념 카드를 빨리 찾아 손바닥으로 상위 개념 카드를 짚는다.

⑥ 하위 개념 카드에 대한 상위 개념 카드가 적절하게 연결되었다면, 맞힌 사람이 해당 하위 개념 카드를 갖는다.

⑦ 하위 개념 카드가 모두 없어질 때까지 놀이를 진행하고, 하위 개념 카드 한 장당 10점씩 계산하여 승자를 가린다.

· 놀이 사진

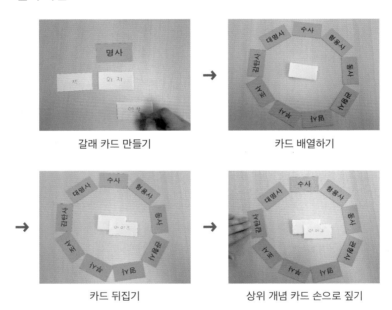

갈래 카드 만들기   카드 배열하기

카드 뒤집기   상위 개념 카드 손으로 짚기

■ 즐거운 놀이를 위한 도움말

① 손바닥으로 짚기: 하위 개념 카드와 관련된 상위 개념 카드를 먼저 찾아 손바닥으로 짚은 사람이 해당 하위 개념 카드를 가져

     1부 지식 정보 처리 역량

간다. 말로 외칠 경우에는 서로 먼저 말했다고 다툴 수 있기 때문에 카드에 손을 얹는 방식으로 놀이를 진행하면 우선순위가 보다 명확해진다.

② 외치지 않고 행동만 하기: 하위 개념과 관련된 상위 개념어를 외치다 보면 시끄러워져 다른 반 수업에 방해될 수가 있다. 소리 내어 외치지 않고 손으로만 짚어 놀이를 진행하면 비교적 조용히 진행할 수 있다. 소리 내어 맞힌 참여자는 무효 처리하여 자신이 맞힌 하위 개념 카드를 더미의 맨 밑으로 넣도록 주의를 준다.

③ 반칙하면 세 판 쉬게 하기: 놀이를 많이 진행하다 보면 어떤 참여자들은 상, 하위 개념끼리 올바르게 잇기보다는 하나의 상위 개념 카드만 공략하는 행동을 보이는 경우가 있다. 사전에 벌칙이 있다는 것을 알리지 말고, 이와 같은 행동을 보이면 다음 판에서 세 판을 쉬는 벌칙이 적용된다고 알려 준다.

④ 빈 카드의 장수를 조절하기: 게임을 좀 더 오래 즐길 수 있도록 빈 카드를 6~8장씩 나누어 주어 상위 개념에 따른 하위 개념 카드를 많이 만든다. 참여자들의 연령이나 수준, 혹은 책 내용에 따라 카드의 개수를 조절한다.

⑤ 돌아가며 놀기: 각 모둠마다 만든 개념 카드를 다른 모둠과 바꾸어 놀이를 진행한다.

■ 활용 사례

　이 놀이는 학생들이 어려워하는 문법 단원을 재미있고 쉽게 익힐 수 있는 방법이 없을까를 고민하다가 만들게 되었다. 한 벌의 카드는 36장으로, 각 품사의 이름이 있는 카드 9장과 각 품사별 단어 카드가 3장씩 27장으로 구성된다. 수업 시간에는 각 모둠별로 서로 다른 카드를 나누어 주고 진행했다.

　놀이를 시작하기 전에 품사노래를 가르쳐 주고 외우게 했다. 동요 '바윗돌 깨뜨려'에 맞추어 '이름을 나타내는 명사, 명사를 대신하는 대명사, 숫자를 나타내는 수사, 이 셋은 몸체라서 체언, 체언 뒤에 붙는 조사 관계언, 체언을 꾸며 주는 관형사, 용언을 꾸며 주는 부사, 관형사와 부사는 수식언, 느낌·놀람 감탄사는 독립언, 움직임을 나타내는 동사, 상태나 성질은 형용사, 동사와 형용사는 용언'이라고 부르면 된다. 이 노래 외에도 인터넷을 찾아보면 다양한 품사노래를 찾을 수 있다.

　이렇게 노래를 알려 준 다음 시간에는 본격적으로 놀이를 시작했다. 모둠별로 카드를 받으면 먼저 명사, 대명사, 수사, 조사, 관형사, 부사, 감탄사, 동사, 형용사가 적혀 있는 카드는 글자가 보이도록 펼쳐 둔다. 이때 가운데를 둥글게 비우고 방사형으로 마치 햇빛이 나오는 모양처럼 펼친다. 나머지 카드 더미는 골고루 섞은 다음 품사 카드의 가운데에 엎어 놓는다. 놀이가 시작되면 모둠원들이 한 명씩 돌아가며 카드의 한쪽 끝을 잡고 조심스레 뒤집게 한다. 그리고 학생들은 펼쳐진 카드를 보고 재빨리 그에 해당하는 품사 카드를 자신의 손바닥으로 짚는다. 예를 들어 '사과'라는 카드가 나왔으면 명사 카드를 손으로 얼른 덮는 것이다. 그렇게 해서 단어에 해당되는 품사를 정확하게 맞힌 사람이 엎어 놓은 그 카드를 가지고 온다. 더미의 모든 카드가 다 없어질 때까지 놀이를 진행하고 끝나면 자신이 획득한 카드가 가장 많은 사람이 이긴다. 카드는 한 장당 10점씩이라고 알려 주면 편하다.

놀이를 하다 보면 모둠원들끼리 정답에 대한 의견이 갈리는 경우가 있다. 그때는 손을 들어 교사에게 도움을 요청하라고 미리 알려 준다. 교사는 돌아다니며 질문하는 학생들에게 답에 대한 힌트를 주어 함께 정답을 찾아갈 수 있도록 해 주면 된다.

모둠별로 이렇게 연습을 한 후에 모둠장만 남고, 모둠원들은 점수 카드를 들고 다른 모둠으로 이동하게 했다. 카드를 만들 때 3가지 종류가 되도록 만들었기 때문에 다른 모둠으로 가면 다른 문제를 또 풀 수도 있다. 다른 모둠에 가서 같은 방식으로 놀이를 한 다음, 자신이 얻은 점수를 점수 카드에 적는다. 이런 방식으로 3회 정도 놀이를 진행하고 나니 아이들의 문제 맞히는 속도가 점점 빨라졌다.

이렇게 놀이를 한 후에는 다시 모둠으로 돌아와 모든 카드를 엎어 줄을 맞춰서 배열하도록 했다. 그런 다음 순서대로 돌아가며 2장씩 엎어 같은 품사가 나왔을 경우 그 2장의 카드를 갖고 같지 않을 경우는 다시 뒤집는 놀이를 알려 주었다. 예를 들어 이순신과 김밥이 나오거나 명사와 사과가 나오면 가질 수 있다. 이 놀이도 기억력이 필요하고 운도 따라야 하기 때문에 아이들이 조용히 놀이를 하면서도 재미있어 했다.

위의 두 가지 종류의 놀이를 마치고 마지막 단계로는 카드를 다 모아서 엎어 더미를 만들고 돌아가며 한 장씩 뒤집게 한다. 그리고 각 단어를 기능별 분류에 따라 상위 개념을 맞히게 했다. 즉, 엎어 놓은 각 단어를 체언, 관계언, 수식언, 독립언, 용언으로 분류해 외치는 것이다. 예를 들어 '사과'를 뒤집으면 체언, '먹다'를 뒤집으면 용언이라고 말해야 한다.

학생들이 어려워했던 문법 단원을 이렇게 가르치니 학생들의 반응이 무척 뜨거웠다. 수업에 참여하지 않는 학생이 없었고, 국어 수업에 잘 따라오지 못하던 학생들도 생각보다 품사를 잘 분류해 냈다. 아마도 여러 차례의 놀이를 통해 반복하다 보니 패턴이 자연스럽게 익혀진 것이 아닐까 싶다. 학습요소가 많은 놀이임에도 학생들이 가장 즐거워했던 놀이였다.

책빙고
- 독서 빙고놀이

책을 읽고 친구들과 함께 독서 퀴즈를 내고 풀면서 빙고를 완
성하는 놀이이다. 서로 문제를 만들어 맞히면서 자연스럽게
책의 내용에 대해 이야기를 나눌 수 있다. 아울러 책의 내용
을 더 쉽게 이해하고 문제 해결력을 기를 수 있다.

• **활동단계** 읽기 후

• **인원** 모둠별 4~5명

• **준비물** 빙고판, 빈 카드(문제 출제용)

• **시간** 30분

• **도구**

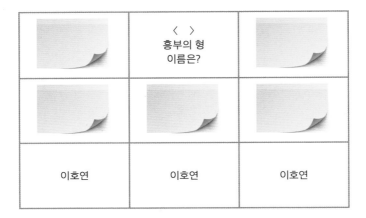

• **방법**

① 사전 활동으로 참여자는 같은 책을 읽는다.

② 모둠장은 빈 카드를 모둠원들에게 골고루 나누어 준다.

③ 각자 받은 빈 카드에 책 내용에 관한 문제를 만들어 적는다.

④ 출제한 문제 카드는 모두 모아 다른 모둠과 바꾸어 놀이를 진행한다.

⑤ 다른 모둠으로부터 받은 문제 카드를 문제가 보이지 않도록 빙고판 위에 엎어 배열한다.

⑥ 모둠원들은 순서대로 돌아가며 문제 카드를 하나 골라 엎어서

정답을 맞히고 해당 칸에 자신의 이름을 적는다. 만약 답을 말하지 못하면, 다른 사람에게 기회가 넘어가고 정답을 맞힌 사람이 자신의 이름을 문제 카드가 있던 빙고판에 적는다.

⑦ 빙고 칸의 문제를 맞힌 사람이 다음 차례의 카드를 뒤집고 동일한 방식으로 진행한다.

⑧ 가장 먼저 두 줄의 빙고를 완성한 사람이 이긴다.

⑨ 놀이가 끝나 가도록 두 줄 빙고를 완성한 사람이 없으면 한 줄 빙고를 완성한 사람, 그 다음은 가장 많은 칸을 차지한 사람 순서로 승자를 가린다.

・ 놀이 사진

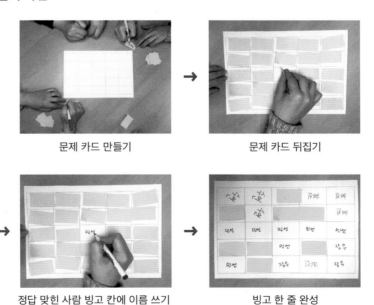

| 문제 카드 만들기 | 문제 카드 뒤집기 |
| 정답 맞힌 사람 빙고 칸에 이름 쓰기 | 빙고 한 줄 완성 |

■ 즐거운 놀이를 위한 도움말

① 빙고판 칸 수를 조절하기: 참여자의 수와 수준, 놀이 시간을 고려하여 빙고판의 칸 수를 유동적으로 조절할 수 있다.
② 문제 카드를 뒤집는 순서 정하기: 혼동을 방지하기 위해서 첫 시작은 가위바위보를 하여 이긴 사람부터 시작한다. 이긴 사람이 문제를 못 맞히면, 문제를 맞힌 사람이 이어서 게임을 진행한다.

■ 활용 사례

빙고놀이는 많은 사람들에게 익숙한 놀이라 방법에 대한 구체적인 안내가 필요하지 않고 활용하는 사람에 따라 다양하게 변형하기 용이하다. 이러한 장점을 살려 책을 읽고 난 후 내용을 확인하는 독서 퀴즈용으로 만들어 낸 빙고놀이가 책빙고이다.

중학교 1학년 학생들과 함께 김유정의 소설 〈동백꽃〉을 읽은 후 내용을 잘 기억하고 있는지 확인하는 방법으로 책빙고를 활용하였다.

우선 한 모둠 당 B4용지에 5×5칸 빙고판을 2장 준비해서 나누어 주었다. 한 장은 빙고판으로 이용하고 나머지 한 장은 빙고판을 한 칸씩 잘라 문제 카드 25장을 만드는 데 활용했다. 모둠 인원에 맞게 적당히 문제 카드를 나누어 갖고 책의 내용과 관련된 문제를 내게 했다. 이때 모둠장이 책 내용 중 문제로 출제할 부분을 모둠원들에게 미리 정해 주면 동일한 문제가 출제될 가능성을 줄일 수 있다. 그러나 이렇게 나누어도 문제가 비슷하거나 겹치는 경우가 발생할 수 있다. 그런 경우 모둠원들이 서로 논의해서 문제의 형태를 약간 바꾸게 했다. 모든 모둠이 문제 카드를 만들었으면 각 모둠끼리 문제 카드를 교환하도록 했다. 이후 모둠장에게 받은 문제 카드를 보이지 않게 엎어 빙고판에 배열하게 하였다. 배열이 완성되면 각 모둠에서 먼저 문제를 풀 사람을 선정했다. 간단하게 가위바위보로 할 수도 있지만 새끼손가락이 제일 긴 사람, 엄지손톱이 제일 큰 사람, 생일이 가장 앞선 사람 등등 다양한 방법으로 먼저 카드를 뒤집을 사람을 고를 수 있다. 이후 순서는 시계 방향, 반 시계 방향 등 놀이 진행자가 학생들이 고르게 참여할 수 있도록 안내해 주면 된다.

첫 번째로 문제 카드를 뒤집는 학생이 문제를 크게 읽게 하고 아는 사람은 손을 들어 답을 맞히게 했다. 맞히면 자신의 이름을 빙고판에 적는다. 이후 순서대로 문제 카드를 뒤집어 돌아가면서 문제를 맞히고 한 줄 빙고를 먼저 완성한 사람이 승리하게 하였다.

그러나 놀이 진행 시 여러 가지 문제 상황이 발생하였는데, 문제를 읽고 있는데 답을 안다며 먼저 손을 들어 버리는 학생들이 있는가 하면 문제 카드를 자신만 보이게 가리고 읽는 학생들도 있었고 누가 먼저 손을 들었느냐로 시비가 붙어 큰 소리로 다투는 학생들도 있었다. 또 어떤 모둠에서는 공부를 잘하는 한 학생이 문제를 맞히는 기회를 독식하는 경우도 있었고, 문제가 아예 잘못 출제되어 해당 칸을 비워 두는 일도 벌어졌다.

이러한 상황을 보완하기 위해 추가로 규칙을 세워 안내했다. 첫째는 카드 속 문제를 모두 함께 읽는 것이다. 그러자 모든 모둠원들이 동등한 입장에서 문제를 읽고 맞힐 수 있는 조건이 만들어졌다. 둘째, 카드를 뒤집는 학생에게 10초 우선 발언권을 주는 것이었다. 공부를 잘하는 학생들이 문제 풀 기회를 독식하는 것을 막고 다른 사람들에게도 문제 풀 기회를 주기 위해서였다. 물론 이렇게 되면 앞서 정한 순서에 따라 승패가 갈리게 될 확률이 높아지므로 학생들의 수준이 모두 높은 경우에는 생략해도 무방하다. 셋째는 답을 말할 기회를 정해 주는 작은 물건을 책상 한가운데 두게 한 것이다. 손은 누가 먼저 들었는지 명확치 않지만 답을 아는 사람이 물건을 가져가게 하면 맞힐 사람이 분명해지게 된다. 넷째로 각자 문제 카드를 완성한 후 다른 모둠으로 문제 카드를 보내기 전에 모둠원들끼리 카드를 살펴보며 문제의 오류가 없나 간단하게 살펴보게 한 것이다. 이러한 과정을 거친 후에도 문제에 오류가 있으면 해당 모둠은 약간의 벌칙(예를 들면 놀이가 끝난 후 모둠원들이 노래를 부르게 하기 등)을 주었다.

이러한 규칙들로 놀이를 보완하고 나니 책빙고 놀이를 수업에서 적용하기가 좀 더 용이해졌고, 아이들도 본래 목적에 맞게 책의 내용을 좀 더 깊이 있게 살펴보고 이해할 수 있게 되었다. 이후에는 시의 이론 수업을 진행한 후 관련 내용으로 '시빙고'를 진행했었는데 학생들이 굉장히 즐겁게 배운 내용을 복습할 수 있었다. 이렇듯 활용하는 사람의 의도에 따라 다양하게 변용이 가능하면서도 모두 쉽고 즐겁게 참여할 수 있는 책빙고가 다양하게 활용되기를 기대한다.

우물 안 키워드

글을 읽고 글의 핵심어를 찾는 놀이이다. 글 속 단어들을 생각나는 대로 모두 적어 보고, 토의를 거쳐 글의 핵심어를 고른다. 글을 정확하게 읽는 연습을 하는 동시에 글의 중심내용을 파악하는 능력을 기를 수 있다.

- 활동단계 읽기 후
- 인원 모둠별 4~6명
- 준비물 우물 놀이판(B4), 타이머, 점수판, 필기도구
- 시간 10~15분
- 도구 우물 놀이판

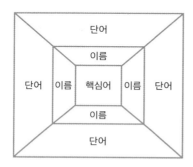 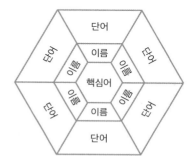

- 방법

① 사전 활동으로 참여자는 같은 책을 읽는다.

② 주어진 우물 놀이판 중에서 두 번째로 큰 직사각형 안(이름으로 표시된 부분)에서 네 곳 중 하나에 각자의 이름을 적는다.

③ 정해진 시간 동안 글을 꼼꼼하게 읽는다.

④ 가장 바깥 쪽 칸에 글 속에서 보았던 단어들을 기억나는 대로 모두 적는다.

⑤ 적은 단어들 중에서 가장 중요한 핵심어라고 생각되는 단어에 별표시를 한다.

⑥ 참여자들의 답안이 서로 바뀔 수 있도록 우물 놀이판을 180도

회전한다.

⑦ 본문을 다시 읽으면서 다른 사람들이 쓴 답안을 확인하며 맞은 개수만큼 10점씩 점수를 부여한다.

⑧ 채점이 끝난 후, 각자 찾은 핵심어와 그 단어를 핵심어로 고른 이유를 이야기한다.

⑨ 가장 타당하다고 생각하는 핵심어를 골라 우물 놀이판 한가운 데 칸에 적는다.

⑩ 핵심어로 뽑힌 단어와 핵심어가 일치하는 사람에게는 추가로 50점을 부여하고 점수가 가장 높은 사람이 이긴다.

· 놀이 사진

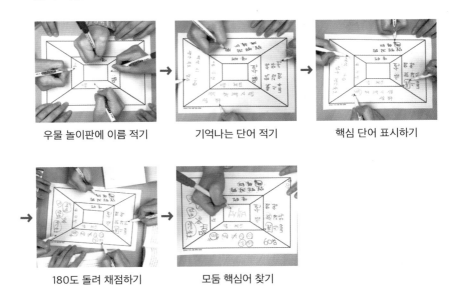

우물 놀이판에 이름 적기   기억나는 단어 적기   핵심 단어 표시하기

180도 돌려 채점하기   모둠 핵심어 찾기

■ 즐거운 놀이를 위한 도움말

① 모둠별 경쟁하기: 모둠 내 활동(방법 ①~⑩)이 끝난 후 모둠원들
   의 평균 점수를 구한다. 그 후 모든 모둠들은 우물판 가운데에
   적은 핵심어와 그 단어를 선택한 이유를 발표한다. 발표를 마친
   뒤 핵심어를 정확하게 찾은 모둠에게는 모둠의 평균 점수에 추
   가 점수를 부여한다. 가장 많은 점수를 받은 모둠이 이긴다.
② 서로 협력하는 분위기 조성하기: 모둠원끼리 간단한 대화를 나
   누는 것을 막지 않는다. 다만 노골적으로 서로 베끼기만 하는
   분위기로 흘러가지 않도록 주의를 준다.
③ 시간을 탄력적으로 운영하기: 글의 난이도나 참여자의 수준에
   따라 글을 읽고 단어를 쓰는 시간을 탄력적으로 운영한다.
④ 채점의 기준을 정하기: 답안을 채점할 시에는 문장부호는 제외
   하되 조사는 단어로 인정됨을 참여자들에게 알린다.

■ 활용 사례

우리 주변에서 일어나는 다툼은 개인적인 악의에서 출발하기
보다는 오해에서 비롯되는 경우가 많다. 서로 자신의 생각과 감정을
정확하게 표현하고 이해할 수 있다면 다툼의 빈도도 줄어들지 않을
까 생각한다. 하지만 현실에서 상대방의 생각을 제대로 파악하는 것
은 생각보다 쉽지 않다. 그렇기 때문에 상대방의 말이나 글을 정확
하게 읽어 내는 능력을 갖추는 것이 더욱 절실하게 요구되는지도 모

른다.

'우물 안 키워드'는 정해진 시간 동안 글을 읽고 정확하게 내용을 기억하고, 글의 중심 내용을 파악하는 것을 목적으로 만들어졌다. 이 놀이는 설명문, 논설문, 수필 등 다양한 갈래의 글에 적용이 가능하다. 그중 법정스님의 〈무소유〉를 활용한 사례를 소개한다.

우선 학생들에게 놀이를 간단히 안내하고, 모둠별로 우물판을 나눠 주었다. 우물판을 모둠 가운데에 둔 후 학생들에게 우물판 두 번째 칸에 이름을 적게 했다. 이때 학생 본인에게 가장 가깝게 있는 칸을 선택하여 함께 우물판에 글씨를 쓰는 일에 어려움이 없게 하였다. 그 후 〈무소유〉 전문을 나눠 주고 제시문을 엎어 두게 했다. 글을 읽을 때 내용을 잘 기억하기 위해 동그라미나 밑줄을 긋는 것도 필요한 방법임을 안내하고, 핵심어 혹은 가장 중요하다고 생각하는 단어를 꼭 찾으라고 당부했다. 이후 7분 동안 시간을 주고 글을 읽게 했다.

"글을 읽으면서 마구 낙서를 해도 좋으니 스스로 중요하다 생각하는 부분에 표시하며 읽어 보세요."

제한된 시간이 끝난 후 제시문을 뒤집어 책상 서랍에 넣게 한 후 자신의 우물판에 3분 동안 단어들을 적게 했다. 학생들은 기억을 최대한 되살리며 단어를 적기 시작했다. 일부 학생들은 '은', '는' 등의 조사를 주로 적기도 했지만 막지는 않았다. 그냥 학생들이 적는 대로 둔 후 제한된 시간이 끝나고 다시 제시문을 읽으며 채점하게 했다. 맞은 개수만큼 10점씩 부여하고 채점판에 각자 몇 점인지 쓰게 했다. 그리고 모둠별로 핵심어라고 생각하는 것이 무엇인지 토의

하고 자신이 쓴 단어가 핵심어로 선택된 학생에게 50점을 부여하여 모둠별 우승자를 뽑았다.

이후 학생들에게 모둠별로 핵심어라고 생각되는 단어를 발표하게 했다. 대부분의 학생이 '무소유'를 적었는데, 때때로 '소유, 난초, 유정'을 핵심어로 뽑은 학생도 있었다. 학생들에게 핵심문장이 무엇인지 묻고 밑줄을 치게 하였는데, 그 후엔 다들 '무소유'를 선택하였다. '무소유'를 선택한 모둠에게 추가 50점을 주고 각 모둠의 평균 점수를 구하게 했다. 왜냐하면 2모둠은 5명이었고 나머지 4모둠은 4명이었기 때문이다. 가장 평균점이 높은 모둠에게 사탕과 도장 보상을 주었다. 놀이를 마친 뒤 아이들의 소감은 다양했다.

"이전에는 글을 집중하여 읽어 본 적이 별로 없었는데, 이 놀이를 하면서 집중하면서 글을 읽었던 경험이 재밌었어요."

"저는 글 읽는 것도 재미있었지만 짧은 시간 안에 중요 단어들을 잘 찾아낸 제 자신이 자랑스러워요."

많은 사람들이 즐거운 '우물 안 키워드 찾기'를 통해 다양하고 즐거운 읽기 활동을 할 수 있기를 바란다.

이어팡

:

서로 연관된 두 장의 카드를 이용하여 이야기를 만드는 놀이
이다. 이야기 구성요소들을 활용한 카드를 조합하여 읽은 책
의 내용을 바탕으로 이야기를 만들어 가며 책의 내용을 다시
짚어 볼 수 있다. '이어팡'은 모바일 게임인 '애니팡'처럼 "이
야기(이) 카드를 엎어(어) 만든다(팡)"라는 뜻에서 놀이명이 지
어졌다.

- **활동단계** 읽기 후
- **인원** 모둠별 4~5명 적당
- **준비물** 이어팡 카드
- **시간** 20분
- **도구**

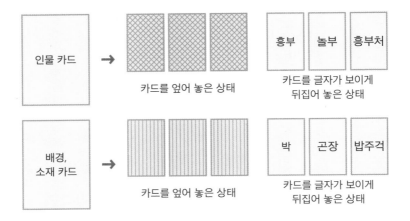

① 2가지 색의 도화지를 오려 카드를 만든다.
② 한 가지 색으로는 인물 카드를 만들고, 다른 한 가지 색으로는 배경, 소재가 적힌 카드를 만든다.
③ 색이 다른 두 종류의 카드를 글자가 보이지 않도록 엎어 두 줄로 배열한다. 윗줄은 인물 카드를 배열하고 아랫줄은 배경 카드나 소재 카드를 배열한다.

- **방법**
① 사전 활동으로 참여자는 같은 책을 읽는다.

1부 지식 정보 처리 역량

② 순서를 정한 후 자신의 차례가 되면 윗 줄의 인물 카드 중 1장을 배경, 소재카드 중 1장으로 선택하여 이를 활용한 이야기를 잘 만들어 내면 두 장의 카드들을 갖는다.

③ 만약 이야기를 만들지 못하면 카드를 다시 원상태로 엎어 두고 다음 사람에게 순서를 넘긴다.

④ 카드가 없어질 때까지 놀이를 진행한다.

⑤ 남은 카드들로 이야기를 만들지 못하면 놀이를 마친다.

⑥ 자신이 가져간 카드를 장당 1점씩 계산하여 승자를 가린다.

· 놀이 사진

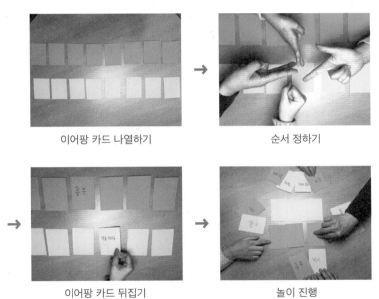

이어팡 카드 나열하기

순서 정하기

이어팡 카드 뒤집기

놀이 진행

■ 즐거운 놀이를 위한 도움말

① 인물 카드 여러 장 만들기: 등장인물의 수가 적을 경우에는 배
경이나 소재 카드의 개수에 맞춰 동일한 인물 카드를 여러 장
만들어 사용한다.
② 이야기 만들기: 참여자는 책의 내용을 근거로 두 카드를 연결
지어 이야기를 만들어야 해당 카드를 가져갈 수 있다.

■ 활용 사례

국어는 과목 특성상 학생들과 다양한 갈래의 글을 읽고 분석하고
감상하는 활동이 중심을 이룬다. 이때 정보를 전달하거나 설득하는
글은 다소 재미는 떨어지지만 학생들이 내용을 파악할 때 생각보다
많이 어려워하지는 않는다. 오히려 분량이 긴 소설을 읽고 분석해 내
는 것을 힘들어한다. 소설은 이야기라 재미있어서 괜찮지 않을까 싶
었지만 SNS 상에서 아주 짧게 대화하는 것에 익숙해진 요즘 학생들
에게 20쪽이 넘어가는 소설은 숨넘어갈 만큼이나 긴 글이다. 다소
분량이 있는 작품을 분석할 때 활용하기 좋은 방법을 고민하다 만
들어진 놀이가 이어팡이다.

중학교 2학년 학생들과 함께 공선옥의 〈일가〉를 읽었다. 다 읽은
후 학생들에게 이 작품이 단편 소설에 속한다고 이야기하였더니 이
렇게 긴데 어떻게 단편 소설이냐며 의아해한다. 교과서에 작품 전문
이 실린 것 자체가 길이가 짧기 때문이라고 했더니 다들 놀라는 눈

1부 지식 정보 처리 역량

치다.

〈일가〉를 다 읽은 후 이어팡 놀이를 하였다. 학생들에게 모둠별로 노란색 인물 카드와 분홍색 배경, 소재 카드를 각 12장씩 총 24장의 카드를 나누어 준 후 작품 속 등장인물과 중요 소재, 배경 등을 골라 카드를 채우게 하였다.

"등장인물이 5명밖에 없는데 남은 카드를 어떻게 해야 하나요?"

"중요 인물은 여러 장을 만들고, 주변 인물은 빼거나 적은 수의 카드로 만들어 보세요. 배경, 소재 카드는 겹치지 않게 다른 것들로 채우되 작품에서 중요한 역할을 하는 것들로 선별해 보세요."

카드를 완성한 후에는 카드를 내용이 보이지 않도록 엎어 더미를 만들고 이를 오른쪽에 위치한 모둠으로 넘기게 하였다. 이후 책상 가운데에 노란색 인물 카드를 윗줄, 분홍색 배경, 소재 카드를 아랫줄에 배열하게 하였다. 그런 다음 카드를 뒤집는 순서를 정하게 하고 '인물 카드 – 배경, 소재 카드'를 한 장씩 골라 뒤집게 했다. 카드를 뒤집은 사람은 카드 속 인물과 소재 또는 배경을 연결시켜 소설 내용을 말하게 했다. 소설 내용에 맞게 이야기를 만들어 낸 경우 카드를 갖게 했다. 만약 소설의 내용과 어긋나게 말하거나 말하지 못하는 경우 다시 카드를 엎어 두게 했다. 카드가 모두 소진될 때까지 돌아가며 카드를 뒤집고 소설의 내용에 대해 이야기하게 했다. 이후에는 가져간 카드 장 수만큼 10점씩 부여하여 가장 점수를 많이 받은 사람으로 승자를 가렸다. 때때로 '아버지 – (희창이의) 자전거'와 같이 전혀 관계없는 두 장의 카드가 뒤집히는 경우가 발생하는 경우도 있다. 소심한 학생들은 "에잇 안 해!" 이렇게 말하고 놀이를 포기해

버리곤 해서 이럴 때는 "희창이가 자전거를 타고 집에 돌아온 후, 아까 간첩인 줄 알았던 아저씨가 집으로 찾아왔는데 알고 보니 아버지의 친척이었다."라는 식으로 소설 내용에 맞게 재구성할 수 있도록 안내하였다.

놀이가 끝난 후 모둠장은 자신의 모둠에 남고 나머지 모둠원들은 다른 모둠으로 흩어지게 해서 모둠 대항 형식으로 놀이를 한 번 더 진행하였다. 카드가 다 소진된 후에는 자신이 획득한 카드의 개수만큼 10점씩 부여하게 하였고, 원래 모둠에 돌아와서는 모은 점수를 합산하게 하여 우승 모둠을 뽑았다. 이렇게 두 번 놀이를 진행하였더니 대부분의 학생들이 소설 내용을 거의 말할 수 있게 되었다. 이 놀이를 통해 학생들에게 다양한 인물들이 나오는 글도 재미있게 읽을 수 있고, 잘 분석할 수 있다는 인식을 심어 줄 수 있어서 무척 보람 있었다. 카드를 만드는 일도 어렵지 않고 학생들도 재미있게 활용할 수 있는 이어팡 놀이가 다양한 곳에서 쓰이길 기대한다.

독서 말판 달리기

독서 말판을 이용해, 문제를 맞히고 가장 먼저 결승점에 도착한 사람이 이기는 놀이이다. 작품의 흐름을 이해하고 세부 장면들을 기억하는 데 유용하다.

- **활동단계** 읽기 전, 읽기 후
- **인원** 모둠별 4명
- **준비물** 주사위, 말판, 문제 카드, 말, 사탕(60개 이상)
- **시간** 20분
- **도구**

① 말판 (말판의 모양은 자유롭고 다양하게 만들 수 있음)

도착	㊾	㊽	㊼ 뒤로 두 칸	㊻	㊼
					㊻
⑦	⑧	…	…	㊹	㊺
⑥ 한번 쉼					
⑤	④	③	②	①	출발

② 윷놀이판 응용

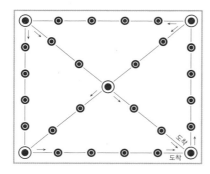

윷놀이판을 이용할 경우
전환점마다 다양한 내용의
옵션 카드를 놓고 진행한다.

- **방법**

① 사전 활동으로 참여자는 같은 책을 읽는다.

② 각자 사탕 10개씩 지급받는다.

1부 지식 정보 처리 역량

③ 순서대로 돌아가며 한 사람씩 주사위를 던져서 나온 수만큼 출발선에서 움직인다.

④ 일반 숫자 칸에 걸리면 문제를 읽기 전에 먼저 사탕을 건다. 사탕은 한 개에서 세 개까지 걸 수 있다.

⑤ 다른 상대방이 문제 카드를 한 장 꺼내어 문제를 읽는다.

⑥ 문제에 대한 답을 말하고, 답이 맞으면 걸었던 사탕 수만큼 사탕은행에서 사탕을 받는다. 답이 틀리면 사탕을 잃고, 한 칸 뒤로 후퇴한다.

⑦ 지시문이 있는 칸에 걸리면 지시문에 따라 임무를 수행한다.

⑧ 한 명이 결승선에 먼저 도착하면 놀이가 끝나고, 사탕을 모두 잃은 사람은 다시 사탕을 지급받고 출발점에서부터 다시 시작한다.

• 놀이 사진

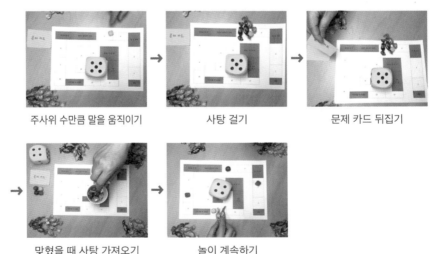

| 주사위 수만큼 말을 움직이기 | 사탕 걸기 | 문제 카드 뒤집기 |

| 맞혔을 때 사탕 가져오기 | 놀이 계속하기 |

■ 즐거운 놀이를 위한 도움말

① 말판의 모양은 자유롭게: 말판의 모양은 각자의 취향에 따라 자유롭고 다양하게 만들 수 있다.
② 문제 출제하기: 문제는 학생들이 직접 만들어 오게 하거나 교사가 만든 것을 사용할 수 있다. 질문은 단순한 질문부터 사건의 원인을 묻는 질문 등 다양하게 구성하도록 한다. 질문지의 개수는 30~40개 정도가 적당하다.
③ 다양한 지시문 활용하기: 문제 이외에도 다른 친구들에게 사탕 하나씩 지급하기, 동물 흉내 내기 등 다양한 상황을 제시하여 놀이에 활기를 준다.

■ 활동 사례 1

질문이 있는 수업이 전국을 휩쓸고 있다. '하브루타 수업', '거꾸로 수업', '질문이 있는 교실' 등 질문과 관련된 책도 많이 나와 있다. 하지만 여전히 교실에서 학생들은 침묵한다. 가장 큰 이유는 여전히 교사 중심의 수업문화가 학생들을 지배하고 있기 때문이고, 다른 하나는 질문하는 법을 모르기 때문이다.

아이들과 독서토론 동아리 활동을 하면서 책을 읽은 후에는 책에 대한 질문지를 만들게 하곤 한다. 처음에 아이들에게 질문을 만들라고 하면 대부분 단편적인 사실을 묻는 질문이 주류를 이룬다. 이런 질문들은 줄거리를 파악하거나 세부 내용을 기억하는 데는 효과적이지만 책의 내용을 깊이 이해하는 데는 한계가 있다. 한번은 손원평 작가의 《아몬드》를 읽고 질문 만들기를 해 보았다. 처음에는 내용을 묻는 질문을 각각 5개씩 만들게 했다. 그런 다음 이번에는 '왜'라는 말을 넣어 질문을 만드는 방식을 설명해 주었다.

"먼저 등장인물이 그러한 행동을 하게 된 이유를 물어보자. 둘째는 사건의 결과가 나타난 이유를 물어보는 거야."

그러자 아이들은 잠시 고민하더니 다음과 같은 질문들을 쏟아 내었다.

'윤재의 할머니는 왜 윤재를 예쁜 괴물이라고 불렀을까?', '그 남자는 왜 웃고 있는 사람을 죽였을까?', '돈을 훔쳐 간 사람이 곤이가 아니란 것을 반 아이들은 알고 있었지만 곤이를 범인으로 몰고 간 것은 무슨 이유일까?' 이런 질문을 만들고 책에 대한 이야기를 나누다 보니 자연스럽게 그렇다면 나라면 '어떻게 했을까'라는 궁금증으로 옮겨 갔다. 각자 만들어 놓은 질문에 답을 하고 꼬리에 꼬리를 무는 질문이 계속되자 가볍게 시작한 토론이 제법 진지해졌다.

책을 읽고 마무리하는 단계에서 독서 말판 놀이를 활용해 보았다. 말판 놀이는 시간과 장소에 구애받지 않으며, 말판과 말만 있으면 누구나 쉽게 놀 수 있는 장점을 가지고 있다. 50칸이라는 기준만 제시해 주고 말판의 모양은 아이들이 만들고 싶은 대로 하도록 했다. 질문지는 아이들이 만든 질문지와 교사가 만든 질문지를 섞고 여기에 벌칙 카드를 넣어 약간의 우연적인 요소도 첨가했다. 주사위를 던져 나온 숫자만큼 전진을 한 다음, 사탕을 걸고 질문에 답을 하게 했다.

질문에 답을 제대로 하지 못하면 사탕도 잃고 뒤로 한 칸 후퇴를 하게 했다. 아이들 중에는 일확천금(?)을 노리고 무리하게 사탕을 걸다가 결국 몇 판만에 사탕을 모두 잃은 아이도 생겼다. 처음에는 탈락을 시킬까 했지만 다른 아이들이 놀고 있는데 소외를 시키는 것 같아 이번에는 사탕을 반만 지급하고 처음부터 다시 시작하게 했다. 한 번의 실패를 경험해서인지 그 아이는 이번에는 조금은 진지하게 놀이에 임했다. 며칠 전에 토론까지 한 내용이었지만 의외로 책의 내용을 기억하지 못하는 경우도 많았다. 놀이를 하면서 아이들은 다시 책의 내용을 떠올리고, 등장인물의 심리를 이해하는 시간을 가질 수 있었다.

독서 말판 놀이는 놀이의 즐거움뿐만 아니라 어떻게 질문하는지를 배우면서 생각하는 방법을 일깨워 주는 유용한 놀이라는 생각이 들었다. 놀이를 통해 아이들이 더 깊이 생각하고 언제나 질문하는 사람이 되길 빌어 본다.

■ 활동 사례 2

말판으로 하는 놀이에 학생들은 꽤나 익숙한 것 같다. 별다른 설명 없이 바로 놀이 진행이 가능해진다. 읽기 전 활동으로 독서 경험에 대한 말판을 제작하고, 읽기 후 활동으로 책 내용을 확인하는 내용으로 말판을 제작하여 놀이로 활용해 보았다.

독서 경험	책 내용
내가 가장 좋아하는 책 속 인물은?	가장 좋았던 등장인물과 그 이유는?
내 인생 최초의 책은?	이 책을 쓴 작가에게 궁금한 것은?
수업 시간에 알게 된 책이나 이야기는?	줄거리를 30초 안에 말해 보기
읽으면서 궁금한 것이 생겼던 책은?	이 책을 추천해 주고 싶은 사람은?
내가 최근에 도서관에 빌려 본 책은?	책의 제목을 다르게 지어 보기
……	……

위와 같은 질문을 지시문으로 활용하여 말판을 구성하였다. 중학교 1학년 학생들을 대상으로 진행을 하였는데, '독서 경험'의 경우 개별 독서량에 따라서 놀이에 대한 흥미나 몰입에 차이가 많이 날 것이라 생각했다. 하지만 주사위를 던지고 말을 옮기는 자체에 중점을 두어서인지 생각보다 원활하게 진행이 되었고, 책을 많이 읽지 않는 학생도 놀이에 이기기 위해, 간혹 참 거짓 여부를 판별하기는 어려웠지만, 열심히 참여하는 모습이 대견하고 보기 좋게 느껴졌다.

말판 중간중간에 '도움 카드'나 〈또!〉라는 칸, 그리고 기회를 잃고 쉬는 칸을 만들어 놀이적인 요소를 더했다. 이중에 〈또!〉라는 칸은 직전 순서에 다른 사람이 했던 질문과 답을 되풀이할 수 있어야 지나갈 수 있는데, 자신에게 해당되는 질문과 답변에만 집중하고 다른 사람의 답변에는 관심을 두지 않는 것을 방지하기 위해 마련하였다. 이따금 만들어 놓은 〈또!〉칸 때문인지 서로의 말을 들으려고 하며 놀이에 참여하는 학생들의 모습이 무척 귀여웠다.

먼저 도착점에 들어오는 말이 승리하는 방식을 취했더니, 이기는 사람 위주로 놀이가 진행이 되어 독서 경험과 책 내용에 대해 충분히 이야기를 갖지 못하는 상황들이 생기기도 했다. 충분히 책에 대한 이야기를 나누도록 하기 위해 가장 늦게 들어오는 사람이 승리하는 방식을 취해 보았다. 진행 방식을 이렇게 바꾸어 보았더니 먼저 도착하는 사람이 생기더라도 놀이가 끝나지 않기 때문에 마지막 사람이 들어올 때까지 참여자 모두가 끝까지 놀이에 집중하는 효과를 볼 수 있었다. 놀이적인 요소를 더하기 위해 주사위가 땅에 떨어졌을 때 한 칸도 못 움직이기 등의 벌칙을 정했었는데, 가장 늦게 들어오는 사람이 승리하는 방식에서는 이러한 벌칙 등도 역으로 적용해야 하는 의외의 재미가 있기도 했다. 예를 들어 주사위를 책상 위에서 떨어뜨리면 먼저 가는 게 불리하므로 주사위의 가장 큰 수인 6칸 앞으로 가기 등을 벌칙으로 정하여 놀이를 진행하였다. 놀이적인 요소를 가미하기 위해서는 교사의 고민보다는 학생들 의견을 모으는 것이 훨씬 다양하고 구체적인 방법들을 얻어 낼 수 있다. 다양한 책놀이를 통해 책과 친해지는 훈련을 실시한 후 말판 칸에 들어갈 지시문을 학생들에게 직접 만들어 진행을 해 보면 더 재미있게 이 놀이를 진행할 수 있을 것이다.

수업을 맡은 학년을 고려할 때, 300쪽 정도의 한 권의 책을 한 반 학생들이 모두 읽고 책놀이를 진행하는 것이 아직은 어렵겠다는 생각이 들었다. 그래서 내용이 어렵지 않고 재미있는, 6편의 단편이 수록되어 있는 이금이 작가의 《청춘기담》이라는 책을 활용하여 단편을 하나 읽을 때마다 말판 놀이를 비롯한 다양한 책놀이를 진행하였다. 마냥 읽고 내용을 확인하기보다 놀이를 통해 내용을 확인하니 학생들의 내용 숙지도가 훨씬 높았고, 책 내용이 익숙해질수록 그 이상의 심도 깊은 내용도 다룰 수 있었다.

같이 책을 읽으면서 읽기 중·후 활동으로 학생들의 의견을 더해 가며 놀이를 진행하면, 보다 즐거운 독서 경험을, 교사와 학생 모두에게 심어 줄 수 있으리라 확신한다.

테마틱

제시된 주제어와 관련된 낱말을 빨리 떠올려 보고 먼저 외치
며 점수를 얻는 놀이이다. 작품의 내용을 다시 상기할 수 있
으며 주요 어휘들을 익힐 수 있다. 책을 읽기 전 표지그림을
보고 내용과 관련된 다양한 단어들을 브레인스토밍하며 내용
을 예측하는 데에도 도움이 된다.

- **활동단계** 읽기 전, 읽기 후
- **인원** 모둠별 4명
- **준비물** 테마틱 카드(자음 카드, 점수 카드), 점수판
- **시간** 20분
- **도구**

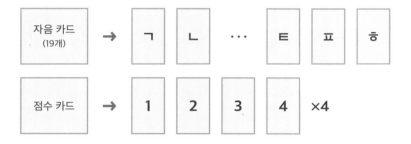

- **방법**

① 사전 활동으로 참여자는 같은 책을 읽는다.

② 모둠장이 책상 위에 테마틱 카드를 배열한다. 자음 카드를 무작위로 섞고 그중 4장을 뽑아 책상 위에 세로로 놓고 점수 카드는 자음 카드 줄에 맞게 1점부터 4점까지 순서대로 가로로 나란히 놓는다.(카드 배열 방식은 놀이 사진에 소개)

③ 교사가 주제어를 제시하면 그와 관련된 낱말들 중 책상 위에 제시된 자음 카드에 해당되는 자음으로 시작하는 낱말을 먼저 외친 사람이 높은 점수 카드부터 가져갈 수 있다.

> 예 제시된 주제어가 인물이고 놓여진 자음 카드가 'ㅅ'일 경우, '세종대왕'이나 '선덕여왕', '사라포바' 등을 외칠 수 있다.

④ 모둠원이 외친 낱말이 이미 나온 낱말이거나 자음에 맞지 않을

경우 점수 카드를 가져갈 수 없다.

⑤ 점수 카드가 모두 없어질 때까지 진행한다.

⑥ 주제어에 적합한 낱말이 생각나지 않을 경우 '통과'를 외칠 수 있다. 단, 순서대로 진행하면서 모둠원 모두가 통과를 외치게 되면 자음 카드를 교체할 수 있다. (이때 모둠원 각자가 원하는 자음 카드 하나씩을 선택하여 배열할 수 있다.)

⑦ 책상 위의 카드가 모두 사라지거나 제한시간이 되었을 때 각자 자신이 모은 점수 카드의 점수를 합하여 자신의 점수판에 적는다.

⑧ 첫 번째 놀이판이 끝나면 새로운 주제어를 가지고 같은 방법으로 다시 진행한다.

⑨ 각 놀이판의 점수를 합하여 가장 높은 사람이 이긴다.

· 놀이 사진

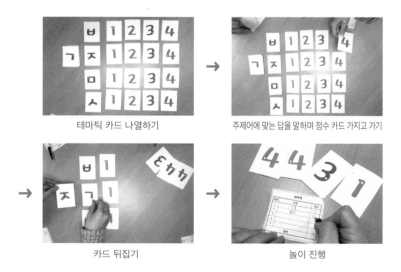

테마틱 카드 나열하기

주제어에 맞는 답을 말하며 점수 카드 가지고 가기

카드 뒤집기

놀이 진행

1부 지식 정보 처리 역량

■ 즐거운 놀이를 위한 도움말

① 놀이에 적당한 작품 선정하기: 놀이에 적용되는 문학 작품은 여러 인물이 등장하거나, 공간적 배경이 다양한 편이 주제어를 제시하기에 적당하다.
② 주제어 예시: 등장하는 인물, 이야기 속의 장소, 작품 속에 나온 물건, 주인공의 기분 등이 있다.
③ 카드를 가져 가는 방법: 순서를 정하지 않고 무작위로 가져갈 경우 주제어가 제시되면 낱말이 떠오르는 즉시 해당 낱말을 말하면서 점수 카드를 가져간다. 이 경우 모둠원들이 경쟁적으로 소리를 지르거나 엉터리로 말하면서 가져가는 경우도 있어 학습효과가 적을 수 있다. 순서를 정하고 가져가는 방식은 수업 시간에 적용할 때 좋다.
④ 돌아가며 놀이하기: 한 모둠에서 놀이를 계속 진행하기보다는 각 모둠의 모둠장만 남고 나머지 학생들은 각자 다른 모둠으로 이동해서 놀이를 하면 재미도 있고 배움도 많이 일어난다.

■ 활용 사례 (초등)

처음부터 책놀이로 먼저 접근을 하면 학생들이 어려울 수도 있겠다는 생각이 들어 다양한 주제를 가지고 놀이를 시작했다. 과일, 역사적 인물, 노래 제목 등 비교적 간단하고 자음 카드에 해당하는 답이 다양하게 제시될 수 있는 주제어를 골라 시도해 봤다. 그런 다음 책 내용으로 넘어가서 놀이를 진행했다.

사실 책을 읽고 나면 책의 내용을 떠올리는 시간을 갖기는 하지만 나오는 인물들이 누구였는지, 어떤 장소들이 있었는지, 이야기 속에 나왔던 물건들은 무엇이 있었는지를 자세하게 떠올리는 일은 드물다.

실제 수업에서는 황선미 작가의 《마당을 나온 암탉》을 함께 읽고 아이들과 놀이를 진행했다. 주제어는 등장인물로 제시했다. 한 아이가 'ㄴ'으로 시작하는 줄에서 "나그네!"를 외치며 점수 카드를 짚자, 다른 아이가 "나그네? 어디서 나왔었지?" 하며 묻는다. 그러자 옆에 있던 아이가 "잎싹이를 구해 준 오리 있잖아!"라고 설명을 해 준다. 이번에는 주제를 바꿔 이야기에 나온 물건을 주제로 했더니, 물건 이름이 나올 때마다 아이들은 "그게 어디에 나왔던 건데?"라고 물으며 놀이 도중에도 다시 책을 찾아보면서 이야기를 되짚어 보기도 했다.

이런 과정을 통해서 책 내용을 자세하게 떠올려 보기도 하고 친구들과 이야기하면서 함께 책을 깊게 읽어 내는 것이 테마틱 카드 놀이의 즐거움이라고 할 수 있겠다.

■ **활용 사례** (중등)

"임 씨!"

"옥상!"

교실 안 이쪽저쪽에서 질세라 소리를 높인다. 테마틱 놀이를 진행 중이다. 긴 내용의 소설을 읽히는 일은 중등학교에서도 쉽지 않다.

1부 지식 정보 처리 역량

읽을 때에 집중하기도 쉽지 않지만, 읽고 난 후에는 정작 내용도 잘 기억하지 못하는 경우도 많다. 이럴 때 테마틱은 책의 내용을 기억하게 하는 데 유용하다.

놀이가 쉬운 편은 아니라, 책놀이에 들어가기 앞서 아이스브레이킹 식으로 연상하기 놀이를 진행했다. 주제어는 아무거나 좋다. 놀이에 익숙해지면 본격적으로 책을 주제로 놀이를 진행했다. 시작하기 전, 잠깐의 시간을 주었다. 책에 등장하는 인물, 장소, 소재 모두 좋다고 이야기해 준다. 학생들은 이때 집중해서 작품을 다시 읽는다.

다시 읽고 난 후 놀이를 진행했다. 처음에는 잘하는 학생들이 눈에 띄지만, 놀이를 두세 번 진행하고 나면 책을 집중해서 못 읽은 학생들도 친구들이 얘기한 것들을 들으며 점점 전문가가 되어 간다. 놀이를 하면서 학생들에게서 일어나는 모습을 지켜보면 흐뭇하다. 친구가 외친 단어를 본 적이 없다며 책을 다시 살펴보는 아이들도 있고, 잘못 말한 인물의 이름이나 장소 이름을 고쳐 주기도 한다. 그리고 더 놀라운 것은 중요한 소재나 인물 이름이 주로 나온다는 것이다. 학생들은 아마 내가 생각하고 있는 것보다 이미 읽기를 능숙하게 잘하고 있는지도 모른다는 생각을 하게 된다.

고전문학에서 단어에 약한 학생들에게 이 놀이로 수업을 했다. 목적은 작품 내용을 다루기에 앞서 학생들이 고전문학에 나오는 단어를 조금이라도 익숙해지게 하는 것이었다. 결과는 좋았다. 수업 시간에 본격적으로 내용을 다룰 때에도 학생들은 힘들어하지 않았다. 이 외에도 독서캠프나 도서관 행사에서도 테마틱 놀이는 언제나 즐겁게 학생들이 즐길 수 있는 놀이이다.

진진가

:

진짜 문장 속에 있는 가짜 문장을 가려내는 놀이이다. 진진가
에 사용되는 세 문장 중 두 문장은 진짜, 나머지 한 문장은 가
짜로 구성되며 이중 가짜를 찾는 사람이 이긴다. 진진가는 주
로 첫 만남에서 어색함을 없애기 위한 놀이로 많이 사용되지
만 글의 내용을 깊이 있게 이해하는 데도 유용하게 활용될 수
있다.

- **활동단계** 읽기 후
- **인원** 모둠별 4-5명
- **준비물** 진진가 문장을 적을 수 있는 종이
- **시간** 10분
- **도구**

〈자기소개용〉
1. 나는 국어를 가르친다.
2. 내 고향은 인천이다.
3. 나는 이성 친구가 있다.

〈글 내용소개용〉
1. 박씨를 물어다 준 것은 제비이다.
2. 놀부네 박에서는 도깨비가 나왔다.
3. 놀부에게는 자식이 없었다.
    …

- **방법**(읽기 전, 자기소개하기)

① 참여자는 자기 자신을 소개하는 문장 세 개를 준비한다. 이때, 두 개의 문장은 진짜, 한 개의 문장은 가짜로 준비한다.

② 사탕 3알을 가지고 흩어져 다른 조원을 만나 '덧셈 가위바위보'를 한다. (바위는 '1', 가위는 '2', 보는 '5'이다. 예를 들어 바위와 가위를 낸 경우 두 합인 '3'을 먼저 외친 사람이 이긴다.)

③ 진 사람이 문제를 내고, 이긴 사람은 가짜 문장을 찾아낸다.

④ 가짜 문장을 맞히면 문제를 낸 사람은 맞힌 사람에게 사탕을 준다. 이때, 문제를 맞히지 못하면 그냥 헤어진다.

⑤ 틀린 문장에 대해 설명하고 헤어지고 다른 참여자와 만나 놀이

를 반복한다.

⑥ 정해진 시간이 되면 자신의 모둠에 돌아와 남은 사탕의 개수를 합쳐 사탕을 가장 많이 모은 모둠이 우승한다.

• **방법**(읽기 후)

① 참여자는 책을 읽으며 책의 내용을 5개의 문장으로 만든다. 이 때, 4개의 문장은 진짜, 1개의 문장은 가짜로 준비한다.

② 이후 놀이 순서는 읽기 전 놀이와 동일하다.

③ 가짜 문장을 진짜로 바꾸어 본다.

■ 즐거운 놀이를 위한 도움말

① 반 전체가 함께 놀이하기: 모둠 내 놀이가 아니라 전체 인원 모 두 동시에 참여할 수 있다. 무작위로 만난 친구와 가위바위보를 한 후, 진 사람이 자신이 쓴 세 개의 문장이 든 종이를 보여 주 고 같이 읽어 가며 이긴 사람이 가짜 문장을 찾는다. 틀린 문장 을 맞힌 사람은 1점을 획득하며 각자 모둠으로 돌아가 개인별 점수를 합산해 보고 점수가 가장 많은 모둠을 뽑는다. 사탕 대 신 스티커를 사용해도 좋다.

■ 활용 사례

새 학기 첫날에 담임을 맡은 반, 혹은 수업을 해야 하는 반에 처음 들어가는 순간은 설레면서도 두렵다. 교실 문을 열면 일순간 50개가 넘는 눈들이 순식간에 교사를 훑고 지나간다. 무슨 말부터 해야 할까? 가르치는 과목과 이름을 말하면 금세 말할 밑천이 떨어지고 어색함과 정적이 교실을 채운다. 다른 방법으로 아이들에게 자기소개를 해 보라고 하지만 대부분 어색한 표정으로 이름 하나 말하고는 앞으로 잘 부탁한다며 들어간다.

진진가는 이런 첫날의 서먹함을 즐거움과 화기애애함으로 바꿔준다.

"자, 여러분들에게 선생님을 소개하는 세 가지 문장을 말해 줄 거예요. 세 개 중 두 개는 진짜고, 하나는 가짜입니다. 가짜 하나를 찾아볼까요? 첫째, 선생님은 국어를 가르친다. 둘째, 선생님의 고향은 인천이다. 셋째, 선생님에게는 한 살 차이가 나는 이성친구가 있다."

"에이 딱 봐도 세 번째가 거짓말이에요."

"하하하하."

교실 안에 웃음이 넘친다.

"혼자 맞히는 게 아니에요. 모둠(4명-6명 정도)하고 상의해서 하나의 의견으로 통일해 주세요. 지금부터 3분의 시간을 줄 거예요. 자, 시작!"

학생들은 각자 곰곰이 생각하며 선생님이 어떤 거짓말을 했을지 상상하고 앞에 앉은 친구와 이야기를 나눈다. 선생님은 조별로 돌아가며 답을 말하게 하고 왜 그렇게 생각했는지도 함께 이야기하게 한다. 그 후, 답을 말해 준다.

"선생님은 앞으로 1년 동안 여러분에게 국어를 가르칩니다. 1번은 진짜겠죠? 그리고 선생님의 고향은 충주입니다. 충주에서 과수원을 하다가 부모님께서 자식 교육을 시키기 위해 도시로 이사 왔습니다. 아마 선생님 부모님의 이런 결단이 없었다면, 지금쯤 여러분을 못 만날 수도 있겠네요. 가짜는 2번이었네요. 여러분이 가짜라고 생각했던 3번은 진짜입니다. 현재 한 살 차이가 나는 이성친구와 좋은 인연으로 만나고 있습니다. 자 이제 여러분이 이런 식으로 자신을 친구에게 소개할 겁니다. 어렵지 않아요. 다만 그냥 이렇게 하면 밋밋하니 선생님과 가위바위보 연습 한판 할까요?"

라고 말하며 덧셈 가위바위보를 가르쳐 주고 모둠원끼리 3분 정도 연습할 시간을 주어 서로 친해질 수 있도록 한다.

가위바위보 연습이 끝나면 자신을 소개하는 세 가지 문장과 사탕을 들고 떠난다. 다른 모둠의 친구를 만나 덧셈 가위바위보를 하고 진진가 게임을 진행한다. 중요한 건 맞고 틀리고가 아니다. 친구에 대해 생각해 보고, 알아 가는 것에 중점을 둔다. 학생들이 활동을 할 동안, 진행자는 아이들 사이를 돌아다니며 수줍음이 많은 친구들을 이끌어 주는 역할을 해 주면 좋다. 충분한 시간을 주고 자기 모둠에 돌아와 남은 사탕을 합쳐 개수를 세어 1등 모둠을 뽑는다.

이렇게 진진가 게임에 익숙해지면, 독서활동에서도 이 게임을 활용할 수 있다. 문학이든 비문학이든 자유롭다. 학생들이 같은 책을 읽고 내용 확인을 할 때, 책을 읽으며 문장을 5개 정도 만든다. 4개는 맞게, 1개만 틀리게 내고 자기소개할 때와 같은 방법으로 진진가 게임을 진행한다. 읽기 중 문제를 내고 읽고 난 후 놀이로 내용을 확인한다. 꼼꼼히 읽기를 할 때 가장 효과가 좋았다. 또 학생들이 낸 문장을 마지막에 반 전체가 함께 살펴보며 책 내용을 훑어보아도 좋았다.

뱀 주사위 책놀이

기존 뱀 주사위 놀이를 응용한 책놀이로 주사위를 던져 정해
진 목표 지점까지 가장 먼저 도착하는 사람이 이기는 놀이다.
작품의 전체적인 줄거리뿐만 아니라 세세한 내용도 기억하게
하여 작품의 내용을 정리하는 데 유용하다.

- **활동단계** 읽기 후
- **인원** 모둠별 5-6명
- **준비물** 뱀 주사위 놀이판(100칸 또는 50칸), 빈 카드(놀이판 한 칸 크기) 여러 장, 주사위, 말
- **시간** 40분(놀이 준비 시간), 20분(놀이 시간)
- **도구**

	마침내 책이 완성되었다		한 번 쉬어 가기		여우아저씨는 감옥에서 책을 썼다		여우아저씨는 경찰에게 펜과 종이를 부탁했다		여우아저씨는 감옥에서 매우 심심했다
여우아저씨는 책을 빌리지 않는데도 도서관에 자주 왔다		사서는 여우아저씨가 책을 먹는 것을 보았다		사서는 경찰에 여우아저씨를 신고했다		여우아저씨는 경찰에 잡혀갔다		여우아저씨는 감옥에 가게 되었다	
	사서는 여우아저씨를 의심했다		사서는 책이 없어지고 있는 것을 발견했다		도서관의 책들이 줄어들기 시작했다		여우아저씨는 도서관의 책을 먹었다		여우아저씨는 도서관에 갔다
여우아저씨는 책을 좋아해요 ▶		너무 좋아해서 책을 먹어요		여우아저씨는 직업이 없어요		여우아저씨는 책을 사기 위해 집의 물건을 팔았다		물건을 다 팔아도 책이 모자랐다	

- 도구는 종이에 50~100칸 정도 격자 무늬를 만들어 사용하면 된다.

- **방법**
① 사전 활동으로 참여자는 같은 책을 읽는다.
② 참여자에게 뱀 주사위 놀이판 위에 붙일 빈 카드(혹은 포스트 잇)를 10장씩 나누어 준다.
③ 시간을 정해 주고 쪽지에 기억나는 대로 이야기의 각 장면을 적

게 한다.

④ 쪽지를 글의 순서에 따라 배열한다. 이때 서로 비슷한 내용이 있는 경우 하나로 합치도록 한다.

⑤ 쪽지를 배열한 뒤 빈 칸이 생길 경우 서로 의논하여 빠진 장면들을 끼워 넣거나, 벌칙(또는 상) 등을 적어 채우도록 한다.

⑥ 각각의 칸을 올라가는 사다리와 내려가는 미끄럼틀(또는 뱀)로 연결한다.

⑦ 주사위를 던져 나온 수만큼 말을 이동한다. 올라가는 사다리에 걸리면 위로 올라가고 내려가는 미끄럼틀(또는 뱀)에 걸리면 아래로 내려온다.

⑧ 마지막 칸에 먼저 도착한 사람이 이긴다.

■ 즐거운 놀이를 위한 도움말

① 수준에 따라 놀이판 조정하기: 40분 안에 뱀 주사위 놀이판을 다 완성하기 힘든 경우가 많다. 완벽하게 채워지지 않은 뱀 주사위 놀이판으로 놀아도 충분히 재미있다.

② 여러 편의 작품 활용도 가능: 함께 읽은 책이 여러 권일 경우 등 여러 가지 책이나 글을 동시에 활용하는 것도 가능하다.

③ 사다리와 미끄럼틀 연결하기: 무작위로 연결하는 것보다는 가급적 서로 관련이 있는 것끼리 연결하도록 한다. 어떤 원인이나 복선이 뒤에 나올 사건에 긍정적인 영향을 끼쳤다면 사다리로 연결하고, 부정적인 영향을 끼쳤다면 미끄럼틀로 연결한다.

1부 지식 정보 처리 역량

· 놀이 사진

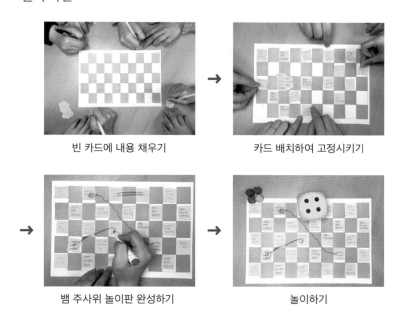

빈 카드에 내용 채우기   카드 배치하여 고정시키기

뱀 주사위 놀이판 완성하기   놀이하기

■ 활용 사례

길이가 비교적 긴 중편 정도의 문학 작품을 읽고 작품에 대한 이야기를 나누려다 보면 글의 내용이 제대로 정리가 되지 않아 이야기를 진행하는 데 어려움이 있다. 어떤 아이는 큰 줄거리는 기억하는데 구체적으로 어떤 내용이었는지 기억을 못 하기도 하고, 어떤 아이는 아주 세밀한 장면까지 기억하지만 전체적인 흐름은 잘 기억하지 못하는 경우도 있었다. 서로가 가진 기억들을 잘 결합하면 이야기 내용을 정리하는 데 도움이 될 것 같아 독서토론 동아리 활동에 뱀 주

사위 놀이를 응용해 보기로 했다.

텍스트는 히가시노 게이고가 쓴 《나미야 잡화점의 기적》으로 정했다. 아이들에게 쪽지를 나누어 주고 정해진 시간 안에 작품에서 생각나는 장면들을 적게 했다. 그런 다음 각각의 장면들을 줄거리 순서대로 배열하게 했다.

"어? 이런 내용도 있었어?"

"주인공들이 잡화점에 들어왔을 때 생긴 일이잖아."

아이들은 친구들이 쓴 글을 보면서 무심코 지나치거나 잊었던 내용들을 떠올리기 시작했다. 그래도 기억이 나지 않아 다시 책을 찾아보는 아이도 있었다. 중요한 사건인 경우 쪽지에 쓴 내용이 겹쳐지는 일이 생기기도 한다. 쪽지를 쓰기 귀찮아하는 아이들은 '디테일'을 살려야 한다며 그대로 넘어가려 했지만, 같은 칸에 합치게 했다. 그러다 보면 모든 칸을 채우지 못해 빈 칸이 생기는 경우도 있다. 이럴 경우 벌칙이나 상을 넣도록 하거나 그냥 건너뛰도록 했다. 말판이 완성되면 형광펜이나 사인펜으로 사다리를 그리게 했다. 아무렇게나 연결하기보다는 각 사건들 중 서로 연관이 있는 것들로 연결하게 했다. 어떤 사건이 다른 사건의 복선이 되거나, 이 사건으로 인해 어떤 결과를 초래했을 경우 서로 연결하고 그 결과 여부에 따라 올라갈 수도 있고, 내려갈 수도 있다고 말해 주었다.

처음에는 헷갈려 했지만 이해하고 나서 만들 때에는 웃음이 떠나질 않았다.

"아니야 사다리를 그렇게 만들면 어떻게 해! 선생님 얘 좀 봐요 93번에서 15번으로 내려오게 사다리를 만들었어요!"

1부 지식 정보 처리 역량

"너희 모둠은 어떻게 만들었니? 우리 모둠은 사다리 이렇게 만들었다!"

"얘네는 사다리 대신 뱀으로 그렸네. 뱀 눈을 그렇게 예쁘게 그리면 어떡해!?"

"얘네는 뱀 혀도 그렸네. 우리도 그려 보자."

아이들은 놀이판을 만들며 많은 이야기를 나눈다. 놀이판 자체를 만드는 재미도 있었지만 서로가 만든 카드를 배치하면서 줄거리를 정리하고 장면을 기억해 내며 내용을 확인하는 과정을 거치는 것에 더 큰 의미가 있었다.

다음 시간 각자 모둠에서 만든 놀이판을 가지고 주사위로 놀이를 할 때는 함성의 시간이었다.

"으아! 누가 여기다 뱀을 그린거야!"

"내가 이렇게 만들었지롱."

"선생님 ○○이가요 △△이가 그린 사다리 타고 45번까지 올라갔어요."

도서관은 아이들의 탄식과 환호성이 섞인 채 즐거움의 도가니가 된다. 놀이를 마치고 소감을 물으니 지금까지 했던 놀이 중에 제일 재밌었다고 답한 아이가 굉장히 많았다. 어쩌면 아이들은 교사가 정성들여 만들어 준 놀이판, 교사가 구입한 사탕으로 하는 놀이보다 본인들이 만든 놀이판으로 하는 뱀 주사위 책놀이를 훨씬 흥미롭고 즐겁게 느끼는 것인지도 모르겠다.

줄줄이 말해요

주어진 질문에 모둠원들이 줄지어 대답하는 놀이이다. 책을
읽은 후 책에 나온 인물이나 장소 또는 이야기의 순서, 사건
등을 주제로 교사가 질문을 하면, 모둠별로 대답을 한다. 책
의 내용을 잘 기억하고 있어야 하고 모둠원끼리 답이 겹치지
않아야 하기 때문에 단결력, 순발력, 집중력 향상에 도움이
된다.

- **활동단계** 읽기 후
- **인원** 모둠별 4명 ~ 5명
- **준비물** 없음
- **시간** 10분
- **방법**

① 사전 활동으로 참여자는 같은 책을 읽는다.

② 각 모둠별로 참여자는 세로 방향의 한 줄로 앉는다.

③ 진행자가 준비한 주제어를 말하면 학생들은 관련된 답을 차례대로 말한다. 예를 들어 진행자가 "〈춘향전〉에 등장하는 인물은?"이라고 질문하면 맨 앞사람부터 순서대로 "춘향이", "이몽룡", "향단이", "월매"라고 대답한다.

④ 여러 모둠이 함께 참여할 경우 각 모둠의 맨 앞에 앉은 사람이 손을 든 순서대로 발언할 기회를 가진다.

⑤ 발언 기회가 주어졌을 때 중간에 답을 말하지 못하거나, 앞서 대답한 말이 겹치는 경우 기회는 다른 모둠에게로 넘어간다.

⑥ 모든 모둠원이 겹치는 내용이 없이 책의 내용과 관련된 정답을 말하면 우승한다.

■ 즐거운 놀이를 위한 도움말

① 놀이 응용하기: 다른 교과나 수업 단원에도 이 놀이를 응용하여 활용이 가능하다. 예를 들어 문법 시간에 학생들에게 접두어를 제시하고 그 접두어를 넣은 낱말 말하기를 주제로 교사가 제

시하여 놀이를 진행하는 방법도 있다.

② 순서 바꾸기: 맨 처음이나 끝은 꽤 부담스러운 자리이기 때문에 놀이를 진행하면서 적당히 순서를 바꾸어 주면 좋다.

③ 먼저 말하기 말고 모두 말하기로 바꾸어 진행하기: 모든 참여 자들이 기억해야 할 중요한 개념을 다루거나 정답의 개수가 4~5개보다 많은 경우 모든 모둠이 통과해야 놀이가 끝나는 방법으로 바꾸어 진행할 수 있다. 중요한 개념을 다루는 경우 앞선 모둠에서 외쳤던 답을 듣고 이를 자신의 모둠원들이 나누어 대답하는 과정을 통해 해당 내용을 반복할 수 있어 이해를 도울 수 있다. 또한 답의 개수가 정해지지 않았거나 많은 경우 통과한 모둠이 발언한 답 이외의 것으로 말하게 유도한다면 다양한 내용을 아이들과 공유할 수 있다.

■ 활용 사례

어린 시절 주말 저녁에 방영되었던 '가족 오락관'은 다양한 게임을 통해 양 팀의 승패를 가리는 프로그램이었다. 진행자의 '몇 대 몇?'이라는 말에 숨죽이며 결과를 기다리던 생각이 난다. 그중 가장 좋아했던 '퀴즈 5인 5답'을 변형하여 독서 놀이로 만든 것이 '줄줄이 말해요'이다.

처음에는 간단하게 놀이 방법을 설명해 주고 읽은 책의 내용 중 인물 이름 말하기, 주요 사건 말하기, 일어난 사건을 순서대로 말하기, 책에 나온 소재 말하기, 초성에 'ㄱ'이 들어가는 단어 말하기, 이야기 속의 장소 말하기, 인물의 성격 말하기, 인물의 마음이 어떻게 변했는지 차례대로 말하기 등 다양한 주제를 가지고 진행해 보았다. 그중 이야기를 순서대로 나열하는 방법을 배우는 단원에서 더욱 효과적으로 적용해 볼 수 있었다.

중학교 2학년 아이들과 공선옥의 소설 〈일가〉를 읽고 이 놀이에 적용해 보았다. 먼저 각 모둠별로 답을 맞힐 순서를 정하게 했다. 이때 소설 내용을 잘 기억하고 있는 학생들이 뒤쪽 순서를 맡아야 유리하며, 맨 앞사람은 순발력이 좋아야 한다는 것을 알렸다. 순서가 정해지고 나면 책상 옆에 세로로 한 줄씩 서게 했다.

먼저 연습놀이로 '과일'이라는 주제를 주었다. 맨 처음 손을 든 학생의 모둠이 순서대로 '사과-포도' 등 과일 이름을 외쳤다. 놀이에 참여하며 아이들은 방법에 조금씩 익숙해졌다. 이후 본격적인 책놀이를 시작하였다.

첫 번째 문제는 '이 소설에 등장하는 인물은?'이었다. 다소 쉬운 문제여서 많은 학생들이 손을 들었다. 먼저 손을 든 학생을 판별하기 어려워 가위바위보 등의 방법을 활용하여 발언 기회를 주었다. 첫 번째로 발언하게 된 모둠에서 자신있게 "나-엄마-아빠"라고 답을 이어갔다. 그러다 네 번째로 발언한 친구가 앞 친구의 말을 잘 듣지 않고 있다가 "엄마"라는 중복 답을 외쳤다. 그 기회를 놓치지 않고 먼저 손을 든 모둠에서 등장인물들을 겹치지 않게 잘 말하여 1점을 획득했다.

두 번째 문제는 '나(희창이)의 특징'이었다. 문제의 난이도가 올라가서인지 약간의 정적이 흐르다 어떤 학생이 손을 번쩍 들었다. 다른 모둠원들은 준비가 안 되었는지 다소 당황한 얼굴이었다. 그러나 손을 들었고 모둠원들에게 차례로 답을 하게 했다. 맨 처음 학생은 '소심함', 두 번째 학생은 '가족 일에 관심이 많음'이었는데 세 번째 학생에서 막혔다. 그 기회를 놓치지 않고 다른 모둠에서도 일제히 손을 들었다. 다음 발언 기회를 가져간 모둠은 이미 나왔던 2개의 답을 놓치지 않고 첫 번째, 두 번째 순서까지 무난히 넘어갔다. 세 번째, 네 번째 순서의 학생들이 '갑자기 찾아온 아저씨를 탐탁치 않아 함'과 '17살이 되자 아저씨를 이해하는 성숙한 모습을 보임'이라고 대답하여 1점을 가져갔다.

놀이를 진행하던 중 문제 상황이 발생했다. 먼저 실수한 학생이나 가위바위보에 진 학생, 손을 들지 않은 학생에 대한 모둠원들의 비난이 쏟아졌고, 두 번의 놀이에서 실력 발휘를 못 한 학생들이 사기를 잃는 모습을 보였다. 그래서 놀이를 바꾸어 한 모둠이 우승하는 방식이 아닌 모두가 통과하는 방식으로 변형하였다.

놀이를 진행하면서 앞서 대답하다가 실패한 다른 모둠의 답변을 똑같이 이야기하며 점수를 가져가는 친구들도 있는가 하면 순발력이 뛰어나 계속 점수를 얻는 모둠도 있었다. 앉아 있던 차례를 바꾸어 가며 진행하니 놀이를 힘들게 느끼는 아이도 제법 자신감 있게 놀이에 적응하는 모습을 보였다. 또 모든 모둠이 실패한 주제어의 경우 다시 시간을 주어 책을 찾아보게 하면 다시 읽기에 도움이 되었다.

'줄줄이 말해요'는 책 내용뿐 아니라 문법 단원을 공부할 때도 효과가 있었다. 아이들과 문장 성분 수업을 할 때도 다시 한 번 '줄줄이 말해요'를 활용했다.

첫 번째 제시어는 '주성분'이었다. 가장 먼저 손을 들어 맞힌 모둠에게는 도장 2개, 이후부터 통과한 모둠은 도장 1개씩 부여하기로 했다. 만일 수업 시간 내 통과하지 못하는 모둠은 쉬는 시간에 주성분에 대한 추가 퀴즈를 푼다는 벌칙을 알렸다. 먼저 손을 든 모둠에서 정답이 나왔다. 정답이 나왔기 때문에 모든 모둠들이 무리 없이 대답하였다. 만약 대답을 잘 못하는 친구가 있으면 대답을 잘할 수 있게 다른 모둠원들이 연습을 시키는 장면도 살펴볼 수 있었다. 이렇게 6모둠이 똑같은 내용을 반복하며 읽고 듣게 하여 복습하는 효과까지 얻어 낼 수 있었다.

이후에는 제시어에 맞게 한 팀이 이기는 형식과 모두가 통과하는 형식을 선택하면서 놀이를 진행하였다. 놀이를 시작하면서 분위기를 띄울 때나 문제가 쉬운 경우에는 전자를, 꼭 알아야 하는 중요 개념을 다루거나 답의 가짓수가 많은 경우 후자의 방식을 취하였다. 진행자가 놀이를 상황에 맞게 조율할 수 있어서 경쟁과 협력의 묘미를 모두 얻을 수 있었던 것이 가장 좋았다.

'줄줄이 말해요'는 다른 놀이들과 다르게 꼭 1등을 뽑지 않아도 즐거운 놀이다. 서로 목소리를 높여 살아남게 유도하는 경쟁보다는 함께 노력해서 주어진 과업을 통과하는 협력을 바탕에 둔 '줄줄이 말해요'가 많은 곳에서 다양하게 쓰이길 기도한다.

2부

창의적사고역량

폭넓은 기초지식을 바탕으로 다양한 전분분야의 지식, 기술,
경험을 융합적으로 활용하여 새로운 것을 창출하는 능력

공기뽑기

마디빙고

내가 기억하는 그 장면

열맞춰

우리는 하나지

너의 이름은

아나바다 - 아껴쓰고 나눠쓰고 바꿔쓰고 다시쓰기

공기뽑기

짧은 글을 읽으며 글 속에서 동사(또는 형용사)와 명사를 찾아
보고 이들을 새롭게 연결해 보는 놀이이다. 공기놀이와 뽑기
방식으로 선택된 단어들을 창의적으로 연결하여 이야기를 재
구성해 나간다. 작가의 문체를 살펴볼 수 있을 뿐만 아니라
작가가 사용한 표현을 자신만의 방법으로 해석하여 새로운
문장을 만들어 낼 수 있다.

- **활동단계** 읽기 후
- **인원** 모둠별 5~6명
- **준비물** 공기, 종이, 펜, 포스트잇
- **시간** 20분
- **도구**

- **방법**

① 사전 활동으로 참여자는 같은 책을 읽는다.

② 모둠별로 일정 분량의 글 속에서 명사(대명사나 수사도 포함) 10개, 동사 10개, 형용사 3개를 찾고 꽝 2개를 합하여 총 25칸의 뽑기판을 완성한다.

③ 옆 모둠과 뽑기판을 교환한다.

④ 모둠 안에서 순서를 정해 돌아가며 공기놀이의 마지막 단계인 꺾기를 한다. 단, 꺾기를 할 수 있는 시간은 1~2분으로 제한한다.

⑤ 꺾기를 통해 잡은 공기알의 개수만큼 뽑기판의 포스트잇을 자유롭게 뗀다.

⑥ 공개된 여러 칸에 적힌 명사와 동사들 중 명사 하나, 동사 하나

를 선택하여 새로운 문장을 만든다. 이때, 다른 문장성분을 넣어도 좋고, 다양한 어미 활용도 가능하다.

예 슬픔을 생각하다. 싸락눈이 늄는다. 생각을 새김질한다.
　　　↳명사 ↳동사 　↳명사 ↳동사 ↳명사 ↳동사

⑦ 뽑기판에서 선택된 명사와 동사로 만든 문장 하나당 10점을 얻어, 정해진 시간 동안 문장을 가장 많이 완성한 모둠이 이긴다.

⑧ 이때, 형용사를 포함한 문장이 있는 경우에는 3점을 더 얻는다.

· 놀이 사진

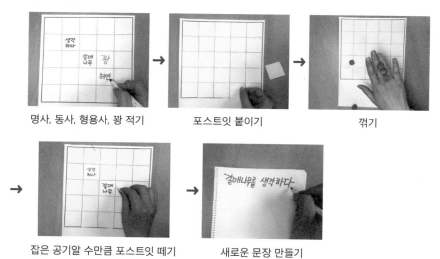

명사, 동사, 형용사, 꽝 적기　　　포스트잇 붙이기　　　　꺾기

잡은 공기알 수만큼 포스트잇 떼기　　새로운 문장 만들기

■ 즐거운 놀이를 위한 도움말

① 품사에 대한 이해 확인: 명사(또는 대명사나 수사)와 동사, 형용사

에 대한 개념을 모르면 놀이를 원활하게 진행할 수 없다. 주어진 글에서 명사와 동사, 형용사를 빠르게 구분할 수 있도록 품사에 대한 학습을 먼저 하는 것이 좋다.

② 핵심어를 활용한 놀이: 품사에 대한 이해가 어렵다면, 작품 속 핵심어를 활용해 뽑기판을 만들 수도 있다. 작품의 주요 단어들을 떠올려 적어 보게 하고 놀이를 진행해 보자.

③ 꽝 대신 미션 수행: 꽝 대신 짧은 시간에 수행할 수 있는 쉬운 미션을 넣어도 좋다. 움직임이 큰 미션을 넣는다면 더욱 역동적인 놀이가 완성된다.

■ 활동 사례

교실이나 길거리에서 비속어와 욕설을 거리낌 없이 사용하는 학생들을 접할 때마다 학생들이 아름답지 않은 말들에 참 많이 노출되어 있다는 생각을 한다. 이왕이면 예쁜 말, 고운 말, 바른 말을 썼으면 좋겠다는 교사의 마음이 담겨 있는 이 놀이는 공기놀이에서 실마리를 얻었다.

교과서에 나오는 백석의 〈남신의주 유동 박시봉방〉이라는 시를 읽고 '공기뽑기' 놀이를 적용해 보았다. 우선 함께 시를 읽고 한 모둠당 5명씩 6모둠으로 나누었다. 모둠별로 공기알 5개와 흰 종이 1장, 굵은 펜 1개, 포스트잇 36장을 주고 5분 정도 간단하게 방법을 설명한 뒤 놀이를 진행했다. 완성한 문장 하나에 10점씩이며 형용사가 들어간 경우, 3점 플러스 점수를 준다는 것을 알려 주었다. 공기놀이를 시작할 때 모둠원 중 한 명은 다른 모둠으로 이동하여 다른 모둠이 공정한 게임을 이어 가는지 확인하고 점수를 확인하는 감독관 역할을 하게 했다.

한 모둠에서 '나, 아내, 슬픔, 앙금, 천정, 낯'이라는 낱말과 '생각한다, 저문다, 가라앉는다, 붉다, 느낀다, 바라본다'라는 낱말이 나왔다. 아이들은 공개된 칸에 적은 낱말들을 어떻게 하면 자연스럽게 연결시킬 수 있을지에 대해 생각하고 함께 머리를 맞댄다. 시인이 쓴 표현들을 더 자세히 들여다보고, 선택된 낱말이 명사인지 동사인지 형용사인지에 대해 묻고 답하며 의견을 교환했다. 그리고 품사들을 연결하여 '나는 없다.', '아내는 생각한다.', '슬픔이 저문다.', '앙금이 가라앉는다.', '천정이 붉다.', '추위를 느낀다.', '낯을 바라본다.' 등과 같은 새로운 문장을 만들어 냈다.

어휘력이 교양이라는 말이 있다. '공기뽑기' 놀이는 아이들에겐 조금 낯선 단어들과의 만남을 통해 어휘력을 기르게 하고, 표현력을 향상시키는 데 도움을 준다. 이 놀이는 무언가 표현하고 싶은데 어휘력이나 표현력이 부족해서 자신의 생각이나 마음을 명확하게 드러내지 못했던 사람들에게 자신의 생각을 보다 구체적으로 표현하도록 돕는 멋진 도구가 될 것이다. 학생들과 함께했던 공기뽑기 놀이는 학생들이 생소한 단어들을 익히고 이를 문장으로 표현하는 데 그치지 않고 작가 고유의 문체에서 나오는 매력도 함께 느낄 수 있었던 시간을 만들어 주었다.

마디빙고

:

책 속 어절들로 빙고를 하고 빙고를 이룬 줄 속의 어절들을 넣어 새로운 문장을 만드는 놀이이다. 책을 어절 단위로 꼼꼼하게 살피며 빙고의 빈 칸을 채워 나가고, 놀이 중에 이를 소리 내어 표현하면서 머릿속에 책 내용을 여러 번 새길 수 있다. 또한 빙고가 완성된 어절들을 활용해 작문을 해 봄으로써 새로운 표현을 만드는 재미를 느낄 수도 있다.

· 활동단계 읽기 후
· 인원 모둠별 5명
· 준비물 종이, 펜
· 시간 30분
· 도구

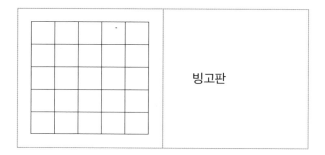

· 방법

① 사전 활동으로 참여자는 같은 책을 읽는다.

② 모둠별로 5×5칸 빙고판을 주고, 모둠원에게 각각 다른 색 펜을 준다.

③ 모둠원은 일정 분량의 글 속에서 각자 자신에게 할당된 수만큼의 어절을 고른다.

④ 모둠원이 각자 고른 어절들을 합하여 5×5칸의 모둠별 빙고판을 채운다.

⑤ 가위바위보로 순서를 정해 모둠별로 어절을 부른다.

⑥ 5줄 빙고를 먼저 완성한 모둠이 이긴다.

■ 즐거운 놀이를 위한 도움말

① 같은 말 반복 주의: 같은 말을 다른 칸에 중복하여 적지 않도록 한다.
② 작품의 주된 정서 찾아 문장 만들기: 동그라미 친 어절을 중심으로 작품의 주된 정서를 찾아내고 모둠원 각자가 쓴 어절 하나씩을 포함하여 협의를 통해 작품 정서에 어울리는 문장을 만든다. 이후, 모둠별로 작성한 문장을 발표해 서로의 생각을 공유하도록 한다.

■ 활동 사례

학생들이 문학 작품을 읽으면서 어려워하는 부분 중 하나는 모르는 단어가 많이 나올 때이다. 단어의 의미를 일일이 찾아 살펴보며 읽는 대신, 그냥 건너뛰고 읽는 경우가 많다. 그러다 보니 글의 의미를 제대로 이해하고 넘어가지 못하고 수박 겉핥기식으로 읽고 지나가는 일이 생긴다. 문학 작품 속에는 학생들에게는 조금 생소할 수 있지만 빛깔 고운 말이 많이 실려 있다. 문학 작품을 감상하면서 그 속에 담겨 있는 우리말들을 학생들이 어떻게 하면 친근하고 쉽게 익힐 수 있을지 고민했다. 단순히 낱말의 뜻을 익히게 하기보다는 그 낱말들이 실제 어떻게 쓰이는지를 알게 하는 것이 학생들에게 더 효과적이지 않을까 하는 생각을 해 보았다. 그러다 학생들도 쉽게 즐길 수 있는 빙고놀이에서 그 실마리를 얻을 수 있었다.

그렇다면 빙고놀이를 위해 준비된 여러 칸을 무엇으로 채울까? 고민 끝에 나온 것이 '어절' 단위로 채우는 것이었다. 띄어쓰기 단위이기 때문에 학생들이 어렵지 않게 빈 칸에 들어갈 내용을 골라낼 수 있다. 시와 같은 짧은 글이 좋겠지만 긴 글을 다룰 때 활용한다면 교사가 정해 주는 분량 안에서 어절을 찾도록 하면 될 것이다.

이 놀이의 가장 큰 장점은 규칙도 단순하고 학생들에게도 익숙한 놀이이기 때문에 학생들이 부담 없이 적극적으로 참여할 수 있다는 점이다. 준비물도 종이 한 장과 필기구만 있으면 언제 어디서든 놀이를 즐길 수 있다는 점에서 놀이를 준비하는 교사에게도 그리 부담이 되지 않는다.

고등학교 1학년 국어 교과서에 나오는 김소월의 〈진달래꽃〉이라는 시를 읽고 '마디빙고' 놀이를 해 보았다. 우선 함께 시를 읽고 25개의 칸을 그리도록 했다. 그리고 학생들은 빙고의 빈 칸을 채우기 위해 그 어느 때보다도 크게 눈을 뜨고 작품을 꼼꼼히 살펴보았다. 그렇게 채워진 빙고판 속 어절을 부르는 차례가 왔을 때에는 그동안 살면서 처음 써 보는 생소한 표현을 입 밖으로 내며 이런 단어가 있었냐고 묻기도 한다.

학생들은 협의를 통해 몇 가지 문장을 만들어냈다. '사뿐히-즈려밟고-흘리우리다-아름-꽃을' 5개의 어절로 '아름다운 꽃을 사뿐히 즈려밟고 눈물을 흘리우리다.' 문장을, '그-때에는-나-흘리우리다-고이' 5개의 어절로 '그 때에는 나, 님을 고이 보내 드리고 눈물을 흘리우리다.' 문장을, '가실-즈려밟고-나-아니-보기가' 5개의 어절로 '나 보기가 아니꼬우면 가실 때 나를 즈려밟되, 뒤통수 조심하세요.'

문장을, '가실-보기가-고이-걸음걸음-역겨워' 5개의 어절로 '고이 가실 걸음걸음을 보기가 역겨워' 문장을, '진달래꽃-걸음걸음-뿌리우리다-나-역겨워' 5개의 어절로 '나의 걸음걸음이 역겨워 진달래꽃을 뿌리우리다' 문장을 만들었다.

　가장 크게 와닿은 이 놀이의 장점은 학생들과 글 속 낱말을 가깝게 해 준다는 점이었다. 평소에 접하지 못했던 표현을 자세히 들여다보고 외치며 그 표현을 활용해서 문장을 만드는 반복학습이 가능하다는 것도 큰 장점이다. 수업 과정에서 빙고놀이만 잘 활용해도 학생들의 언어 능력 향상에 많은 도움이 될 것이다.

내가 기억하는 그 장면

책 속 한 장면을 묘사한 그림을 보고 연결어를 활용해 이야기를 만드는 놀이이다. 그림 속의 장면을 보고 서로 이야기를 나누면서 그림에 담긴 내용뿐만 아니라 작품과 연관된 다양한 내용을 상상해 볼 수 있다.

- 활동단계 읽기 후
- 인원 모둠별 4명
- 준비물 책 속 그림, 종이, 펜
- 시간 30분
- 도구

곧	그러나	그러면
그리고	그러므로	그렇지마는
그뿐 아니라	더구나	도리어
또	또한	및
따라서	또는	오히려
즉	하물며	혹은

- 방법

① 사전 활동으로 참여자는 같은 책을 읽는다.

② 책 속 주요 장면별 그림을 모둠장이 나와 뽑는다. 그런 다음 각 모둠에 동일한 내용의 연결어 카드들을 나누어 준다.

③ 모둠별로 그림을 보고 이야기를 만들 때 필요한 연결어들을 고른다.

④ 정해진 시간 동안 고른 연결어를 넣어 문장을 만든다.

⑤ 가장 많은 연결어를 사용하여 글을 완성한 모둠이 이긴다. 단, 사용한 연결어 수가 동일할 경우 비긴 것으로 한다.

· 놀이 사진

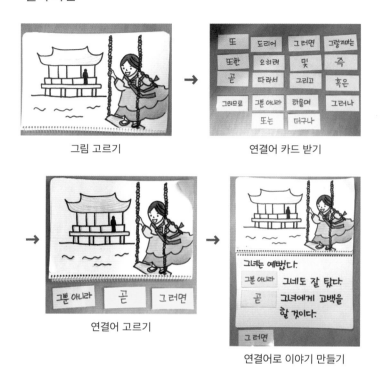

그림 고르기　　　　　　　　　연결어 카드 받기

연결어 고르기

연결어로 이야기 만들기

■ 즐거운 놀이를 위한 도움말

① 활동 내용 전시하기: 활동을 마친 후, 책 속 그림과 장면별 이야기가 적혀 있는 모둠별 종이를 벽에 붙여 그림 순서대로 이야기가 어떻게 전개되는지를 확인한다.

② 제한시간 설정하기: 문장 작성, 전시 활동 등의 활동이 원활하게 이루어질 수 있도록 각 단계마다 제한시간을 두도록 한다. 그림

을 보고 서로 이야기를 나누는 데 5분, 이를 문장으로 정리하는 데 5분 정도면 적당하다.

③ 활동 시간 절약을 위한 녹취: 종이에 내용을 기록할 시간을 아끼고 싶다면 모둠원들이 그림을 들고 직접 발표하게 한다.

■ 활동 사례

삽화는 작품 속에서 문장의 내용을 보완하거나 이해를 돕는 역할을 한다. 그림이라는 시각적 경험을 독자들에게 제공함으로써 정서적인 공감을 이끌어 내거나, 글로 기술되지 않은 내용을 부연하거나 보충하기도 하고, 학습자의 사고를 활성화하는 데도 도움을 준다.

한번은 교과서 작품 속에 있는 그림만 가지고 간단히 전체내용을 훑어보는 시간을 가진 적이 있었다.

"그림 속에 있는 사람 표정과 동작을 보자. 그 사람은 어떤 생각을 하고 있을까? 이 사람은 어디를 가는 중이었을까?"

상상을 이끄는 질문을 던지자 학생들의 입에서 다양하고 창의적인 답변들이 쏟아져 나왔다. 그림을 보고 상상하고 인물의 행동하는 원인을 추측하다 보면 작품에 대한 호기심도 커진다. 그 후에 책을 읽으니 처음부터 글로 시작하는 것보다 더 수월하게 읽기 지도를 할 수 있었다.

그렇게 해서 만들어진 '내가 기억하는 그 장면' 놀이는 책 속 삽화만으로 책 내용을 이해하고 상상하는 활동이다. 삽화와 다양한 연결어를 연결하여 놀이 활동으로 적용해 본 것이다.

고등학교 1학년 국어 교과서에 실린 〈춘향전〉으로 놀이를 만들어 보았다. 책 속 삽화를 주고 연결어 카드 중에서 마음에 드는 연결어를 선택하여 문장을 만들어 보게 했다. '춘향이가 그네를 타고 있었어요. 그리고 활짝 웃고 있었지요. 이몽룡은 첫눈에 반했어요. 곧 고백을 할 것 같아요.' 연결어를 활용한 장면 묘사 활동에서 학생들은 많은 관심을 보였다. 연결어를 활용한 놀이에 익숙해졌다면 화자의 태도를 표시하는 다양한 연결어(예: 과연, 실로, 모름지기, 물론, 정말, 설마, 아마, 만일, 설령, 비록, 아무리, 제발, 아무쪼록, 부디 등)를 활용한 놀이도 시도해 볼 만하다.

　간혹 엉뚱한 표현들이 등장하여 교사를 당혹스럽게 하는 경우도 있으나 대부분의 학생들이 배운 내용을 바탕으로, 배움을 확장하는 모습을 보여 주었다. 그림은 활용 방법만 다양하게 생각해 보면 학생들이 글을 편하게 느끼도록 도와주는 고마운 도구가 된다. 놀이에 사용되는 그림은 책 속의 삽화를 이용하는 것이 편리하지만, 교사가 그려야 한다면 '발단, 전개, 위기, 절정, 결말'의 소설의 구성 단계처럼 이야기 흐름에서 변화가 두드러지는 특징적인 부분을 선택하는 것이 좋다.

열맞춰

서로 연관된 네 장의 카드를 찾는 놀이이다. 서로 관련이 없어 보이는 자료들 속에서 연관성이 있는 것들을 찾아 하나로 묶게 한다. 주어진 단서를 모아 문제를 해결해야 하기 때문에 기억력과 논리적 사고력을 기르는 데 효과적이다.

- **활동단계** 읽기 후
- **인원** 모둠별 2~5명
- **준비물** 카드(혹은 포스트잇)
- **시간** 10~15분
- **도구** 열맞춰 카드

- **방법**
① 사전 활동으로 참여자는 같은 책을 읽는다.
② 열맞춰 카드를 숫자가 보이는 쪽으로 나누어 준다.
③ 숫자가 적혀 있는 쪽을 위로 향하게 하고 숫자 순서에 맞게 배열한다. 이때 엎어서 내용을 보지 못하게 한다.
④ 참여자들은 각 행에서 한 장씩 카드를 선택하여 총 4장의 카드를 순서대로 뒤집는다.
⑤ 내용 순서에 맞게 카드를 엎어 놓은 사람은 그 카드를 가져간다. 만일 중간에 잘못된 내용이 섞여 있을 경우 다시 카드를 엎어 둔다.
⑥ 카드가 다 없어지면 카드를 가장 많이 획득한 사람이 이긴다.

• 놀이 사진

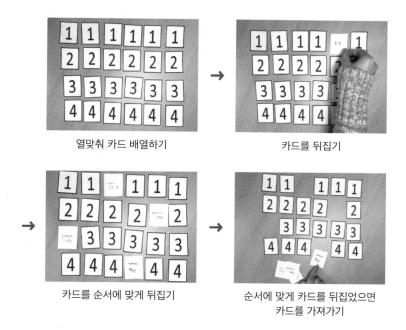

열맞춰 카드 배열하기 → 카드를 뒤집기

카드를 순서에 맞게 뒤집기 → 순서에 맞게 카드를 뒤집었으면
카드를 가져가기

■ 즐거운 놀이를 위한 도움말

① 참여자가 직접 열맞춰 카드 만들기: 참여 인원이 6명을 넘을 경우 모둠별로 놀이를 진행할 수 있다. 이때 각 모둠별로 참여자들이 글에서 순서와 관련된 중요한 내용을 찾아 열맞춰 카드를 만들 수 있다. 이 카드는 모둠끼리 서로 바꿔 놀이를 진행하도록 한다. 만일 카드를 잘못 만들어 게임에 차질이 생기는 경우 출제한 모둠 전체를 감점하는 등의 불이익을 준다.

② 보너스 문제 만들기: 열맞춰 카드를 만들 때 책의 내용이 아니

지만 아주 쉽게 확인할 수 있는 내용을 한 줄 정도 넣으면 책을 덜 읽은 참여자들도 소외되지 않고 놀이 안에 빠져들 수 있다.

예 봄-여름-가을-겨울, 첫째-둘째-셋째-넷째

③ 모둠 대항 게임으로 확대하기: 모둠 대항 게임으로 확대 응용할 경우 모둠별로 1열씩 만들어 제출하게 하여 진행한다. 이때 모둠별로 내용이 겹치지 않도록 쪽수를 나누어 줄 필요가 있다. 덧붙여 모둠별 발표 시 학생들에게 그 내용에 대해 설명하게 한다면 교육적 효과를 높일 수 있다.

■ 활동 사례

뻔한 복습은 아이들을 지루하게 만든다. 어제 교사가 설명한 내용을 오늘 똑같이 설명한다면 아이들은 긴장감 없이 내용을 흘려듣기 마련이다. 아이들이 어떻게 하면 좀 더 재미있게 내용을 복습할 수 있을까 싶어 고민하다 만든 놀이가 바로 '열맞춰'이다.

중학교 1학년 학생들을 대상으로 하는 시조 수업에서 수업 내용을 확인하는 용도로 이 놀이를 활용하였다. 모둠별로 준비된 카드를 나누어 주고 카드를 만들어 배치하는 방법을 알려 주었다.

"여러분, 예를 들어 '산은 옛산이로되 물은 옛물 아니로다'는 문장을 넷으로 나누어 카드에 적어 보세요. 1번 가로줄에는 '산은'을 놓고, 2번 가로줄에는 '옛산이로되'를, 3번 가로줄에는 '물은'을, 4번 가로줄에는 '옛물 아니로다'를 여러분이 놓고 싶은 위치에 놓아 보세요. 그 다음으로 '주야에-흐르거든-옛물이-있을손가'과 '인걸도-물과 같도다-가고 아니-오는 것은'도 같은 방식으로 배열해 보세요."

작품 속 문장으로 만든 카드 외에도 '평시조 /3장 /6구 /단형', '첫째 /둘째 /셋째 /넷째', '기 /승 /전 /결'과 같은 내용이 담긴 카드도 추가해서 배열하도록 했다. '첫째 /둘째 /셋째 /넷째', '기 /승 /전 /결' 같이 수업 내용과 관계없는 아주 쉬운 카드를 만드는 이유는 수업 내용을 쫓아오기 힘든 학생들도 놀이에 참여할 수 있도록 유도하기 위해서였다. 그런 다음 간단하게 놀이 방법을 설명하고 제한시간은 10분으로 설정했다.

처음 놀이를 진행할 때에는 제한시간을 두지 않았다. 그랬더니 놀이 진행 시간이 모둠별로 천차만별이라 몇몇 모둠은 놀이의 긴장감이 떨어지는 부작용이 생겼다. 제한된 시간 동안 아이들은 무작위로 섞인 카드를 뒤집으며 전 차시에서 다루었던 수업 내용을 확인하게 된다. 따로 이전 시간의 수업 내용을 확인하지 않더라도 놀이를 통해 스스로 복습하는 시간을 갖게 된다는 것이 이 놀이의 장점이라고 할 수 있다. 만일 제한시간 안에 모둠별로 놀이가 끝나지 않을 경우 종료 시점에 카드를 가장 많이 가져간 사람이 이기게끔 하였다.

제한시간 후 학생들에게 내용이 보이게끔 카드를 모두 뒤집게 한 후 다시 카드를 맞춰 보게 하였다. 그리고 카드를 가져간 모둠원이 그렇지 못한 모둠원에게 설명해 주는 시간을 가졌다. 서로에게 설명하는 시간을 통해 그 내용을 아는 친구도 모르는 친구도 반복하여 설명을 듣게 할 수 있어 좋았다.

다양한 방식으로 적용 가능한 '열맞춰'를 상황에 맞게 활용한다면 좀 더 즐거운 책 읽기, 즐거운 수업이 될 것이다.

우리는 하나지

글의 내용과 관련된 그림을 그린 후 어떤 장면인지 맞히는 놀이이다. 글의 내용을 추론하는 능력과 함께 협업하여 과제를 해결하는 능력까지도 향상시키는 데 도움을 준다.

- **활동단계** 읽기 전, 읽기 후
- **인원** 모둠별 4~6명
- **준비물** B4용지(모둠별 1장)나 스케치북, 모둠칠판 등 함께 그림을 그릴 수 있는 도구, 여러 가지 색 싸인펜
- **시간** 20~25분
- **도구** 없음
- **방법**

1. 읽기 전

 ① 글의 제목과 삽화 등을 통해 글의 내용을 예측해 본다.

 ② 참여자들은 예측해 본 글의 내용을 바탕으로 그림을 그린다.

 ③ 그림을 책상 가운데에 정리해 놓은 후, 서로 감상한다.

 ④ 실제 글을 읽고 나서 어떤 그림이 글의 내용과 가장 잘 맞아 떨어지는지 확인한다.

 ⑤ 뽑힌 그림을 그린 사람이 이긴다.

2. 읽기 후

1) 30초씩 그림 그려서 장면 맞히기

 ① 사전 활동으로 참여자는 같은 책을 읽는다.

 ② 이야기 속 장면을 간단하게 서술한 카드를 참여자에게 제시한다.

 ③ 참여자 중 문제 맞힐 한 명을 선발하고 나머지는 그림을 그릴 순서대로 책상에 앉는다.

 ④ 첫 번째 사람이 카드를 뽑아 그 장면을 30초 동안 그린다.

⑤ 앞사람이 그린 그림을 보고 내용을 추론하여 그림을 덧붙여 완성한다.

⑥ 모든 사람이 그림을 그린 후 문제를 맞힐 한 명은 그 그림을 보고 어떤 장면인지 맞힌다.

2) 인상적인 장면 함께 그리기

① 사전 활동으로 참여자는 같은 책을 읽는다.

② 참여자들이 서로 대화하여 가장 인상적인 장면을 정한다.

③ 참여자들이 서로 다른 색깔 펜을 들고 그 장면을 함께 그린다.

④ 장면 그림이 완성되면 발표한다.

• 활동 사진 (읽기 후 - 30초씩 그림 그려서 장면 맞히기)

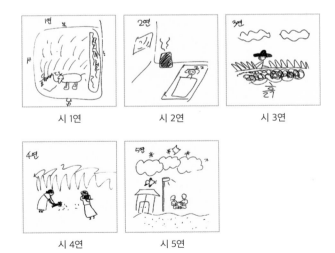

시 1연   시 2연   시 3연

시 4연   시 5연

■ 즐거운 놀이를 위한 도움말

① 모둠별 활동으로 확대하기: 인원이 6명을 넘을 경우 모둠별 활동으로 확대하여 운영할 수 있다. 특히 읽기 후 활동은 모둠별 경쟁으로 활동을 이어갈 수 있다. '30초씩 그림 그려서 장면 맞히기'의 경우, 그림을 그린 후 맞힐 학생에게 제한시간을 주고 그 시간 안에 맞히지 못하면 다른 모둠에게 기회를 넘겨 가장 많이 맞히는 모둠이 우승하게 할 수 있다. '인상적인 장면 함께 그리기'는 그림 완성 후 다른 모둠원들이 함께 감상할 수 있도록 전시한 후 가장 좋은 그림에 투표하게 하여 우승 모둠을 가릴 수 있다.

② 모두가 참여할 수 있게 하기: 모둠원 중에 한 명이라도 참여하지 않는 경우가 생기지 않도록 모둠원들 각자 다른 색의 펜을 사용하도록 하고 모든 색이 사용되지 않은 그림이 있으면 모둠 점수를 감한다.

③ 서로를 믿는 활동 진행하기: 다른 모둠원의 그림에 대해 부정적 평가를 하지 않도록 지도하고 절대 다른 모둠원의 그림을 지우지 못하게 한다. 이 규칙을 넣지 않으면 그림을 잘 그리지 못하는 몇 아이들은 쉽사리 포기하고 일부 잘하는 아이들에게 활동이 집중될 수 있다.

■ 활동 사례

　많은 전문가들이 제시한 건강한 갈등 관리 방법의 공통점은 구성원들이 원만하게 소통하며 함께 마음을 모은다는 것이다. 놀이를 통해 마음을 모을 수 있는 방법은 무엇이 있을까 생각하다 만들어진 놀이가 '우리는 하나지'이다.

　소설과 시나리오 읽기 후 단계에서 이 놀이를 활용했다. 먼저 시나리오 〈달리는 차은〉을 수업에서 다루었다. 아이들은 시나리오에 대한 기본 이론을 습득하고 각 장면별로 내용을 다 요약한 후였다. 모둠별로 모둠장이 나와서 각 장면 내용이 적힌 카드를 뽑은 후 모둠장을 시작으로 차례대로 30초씩 그림을 그렸다. 모든 모둠원들이 그림을 그리고 나면 다른 모둠 아이들에게 퀴즈를 내고 다른 모둠이 맞히면 문제를 낸 모둠과 맞힌 모둠 모두 10점씩 주었다. 그래서 가장 득점을 많이 한 모둠이 이기게 하였다.

　그런데 이 놀이를 하면서 주어진 30초를 그냥 버리는 아이들이 발생했다. 앞사람이 무엇을 그렸는지 잘 몰라서 포기하는 아이들도 있었고 이미 그림이 완성되었다고 생각해서 넘기는 아이들도 있었다. 그런 아이들은 주로 모둠에서 소외되거나 학습의욕이 부족한 경우가 많았다. 평소에도 학습에 큰 도움이 되지 않으니 이번 활동에서도 적당히 넘기면 다른 모둠원들이 자신의 자리를 메워 줄 것이라는 생각이 그들의 행동에서 보여 상당히 충격적이었다.

　그래서 모둠원들에게 다른 색의 펜을 주고 한 가지 색이라도 빠지면 모둠에게 불이익을 주는 규칙을 추가했다. 또한 앞에서 다른 모둠원의 그림을 지우는 경우가 발생했는데 그렇게 되니 앞의 그림뿐만 아니라 그 모둠원의 역할까지 사라져 마음이 모인 그림을 완성할 수 없게 되었다. 앞의 모둠원의 이상한 그림을 그린다 할지라도 부정적인 평가를 하거나 지워 버리면 안 된다는 규칙을 만들게 되었다.

두 번째로 소설 〈하늘은 맑건만〉을 다 배우고 난 후 가장 인상적인 장면을 모둠원들이 함께 그리는 놀이를 진행했다. 이때에도 모둠원들 모두 다른 색 펜을 주고 함께 그림을 그리게 했다. 먼저 모둠별로 어떤 장면이 인상적인지 선정하게 하고 그 장면을 함께 그린 후 밑에 주제를 적어 보게 했다. 장면은 제각각이었지만 대부분이 주제를 잘 찾아내는 것을 살펴보면서 내용을 잘 이해하고 있음을 확인할 수 있었다. 더불어 아이들은 다른 모둠의 그림을 함께 살펴보며 '저 부분도 중요했겠구나!'라고 생각하며 내용을 좀 더 심화하여 이해하기도 했다.

짧은 시간이었지만 '우리는 하나지'로 아이들과 놀면서 마음을 하나로 모으며 함께 성장하는 아이들의 모습을 살펴볼 수 있었다. 승패를 떠나 모두가 한 발짝씩 나아가는 값진 경험을 할 수 있는 '우리는 하나지'를 많은 사람들이 다양하게 활용했으면 하는 바람이다.

너의 이름은

책 속 등장인물들에게 '인디언식 이름'을 지어 주는 놀이
이다. '인디언식 이름'이란 예전 인디언들이 이름을 짓던 방식
으로 대상의 특징이나 가치관이 잘 드러나도록 구문 형태로
이름을 짓는 것을 의미한다. 이 놀이를 통해 인물에 대한 파
악 및 공감 정도를 확인할 수 있고, 자신의 생각을 창의적으
로 표현하는 능력을 기를 수 있다.

- **활동단계** 읽기 후
- **인원** 4~6명
- **준비물** 빈 카드 여러 장(등장인물 문제 카드, 작명 카드), 말(각자 자신을 상징하는 물건)
- **시간** 15~20분
- **도구**

> - 등장인물: [   ]
> - 인디언식 이름: [   ]

- **방법**

① 사전 활동으로 참여자는 같은 책을 읽는다.

② 모둠원과 협의하여 책 속에 등장하는 인물 중 관심이 가는 인물 하나를 고른다.

③ 모둠원과 함께 고른 등장인물에 대한 인디언식 이름을 짓게 한다. 이때 등장인물의 성격이나 특징이 잘 반영되도록 한다.

④ 이름을 다 짓고 나면 책상 가운데로 이름을 제출하고 뒤섞는다.

⑤ 자기 카드를 제외하고 인물의 성격을 가장 잘 드러낼 수 있는 이름에 투표한다.

⑥ 가장 많은 표를 얻은 사람이 이긴다.

■ 즐거운 놀이를 위한 도움말

① 인디언식 이름에 대해 설명하기: 참여자들이 인디언식 이름에 대해 잘 모를 수 있다. 사전에 인디언식 이름이 무엇인지 안내하고 몇 가지 예시를 들어 설명한다.

　예 주먹 쥐고 일어서, 앉은 황소, 미친 말, 늑대와 함께 춤을 등

② 모둠 놀이로 확대하기: 인원이 6명을 초과할 경우 모둠을 나눠 놀이를 진행할 수 있다. 이때 등장인물이 여러 명인 경우 모둠별로 인물을 달리할 수 있다. 또한 놀이 후 아이들이 만든 이름을 함께 공유하면 여러 인물에 대한 이해를 깊이 있게 할 수 있다.

③ 여러 인물에 대한 이름 짓기: 만일 여러 인물의 이름을 짓게 할 경우 한 인물의 이름 짓기가 끝나면 가장 좋은 이름으로 선정된 이름을 지은 사람에게 10점씩 부여한다. 모든 인물들의 이름을 다 짓고 나면 점수를 많이 얻은 사람이 이긴다.

④ 각자 인물을 선정하여 이름 짓기: 모둠별 공통 인물을 선정하는 것이 아니라 모둠원 각자가 다르게 책 속에 등장하는 인물 중 관심이 가는 인물 한 명을 선정한다면 새로 붙인 '인디언식 이름'에 해당하는 책 속 인물이 누구인지 맞히는 활동을 할 수 있다.

· 놀이 사진

인물에 인디언식 이름 붙여 주기

제출한 종이를 뒤섞기

마음에 드는 이름에 투표하기

■ 활동 사례

학생들과 인물을 분석하는 수업을 하다 보면 단편적으로 성격을 나열하고 끝나는 경우가 많다. 학생들이 인물의 성격에 좀 더 공감하고 다양한 방식으로 표현해 보도록 유도하기 위해 만든 놀이가 '너의 이름은'이다.

이 놀이는 중학교 1학년 학생들을 대상으로 소설 〈동백꽃〉을 수업할 때 활용하였다. 대부분 학생들이 SNS상에서 재미로 인디언식 이름을 지어 본 적은 있지만 인디언식 이름에 대한 이해가 부족했다.

그래서 자신의 특징을 잘 드러낼 수 있는 표현을 자연에서 따와 이름을 짓는 것이 인디언의 이름임을 설명하고 예로 필자의 이름을 지어보게 했다. '국어선생님' 하면 생각나는 것들을 자유롭게 이야기하게 하고 그중 몇 개의 단어를 골라 이어 붙여 이름을 만들었다.

이후 학생들에게 '동백꽃'의 등장인물인 '나'와 '점순이'에 대해 살펴본 후 각 인물의 특징을 잘 드러낼 수 있는 인디언식 이름을 짓게 하였다. 처음에는 다들 어려워했지만 각 인물의 특징을 고민해 보며 이름을 지으려 노력했다. 어떻게 시작해야 할지 모르겠다는 학생들도 있어서 모둠별로 간단하게 마인드맵을 그리게도 했다.

주어진 시간이 끝난 후 학생들이 만든 이름을 모둠별로 공유하게 했다. 이후 가장 잘된 이름을 하나씩 뽑았다. 뽑힌 이름은 모둠칠판에 쓰고 칠판에 붙여 학생들이 공유하게 하였다.

그중 학생들이 가장 마음에 드는 이름이 무엇인지 묻고 최고의 이름을 뽑는 작업을 거쳤다. 최고의 이름으로 뽑힌 두 팀에게는 상품으로 맛있는 사탕을 제공하였다. 실례로 아이들은 '나'에게 '꿈틀거리는 지렁이'란 이름을 붙여 주었고, '점순이'에게는 '볼 노란 사춘기', '복수하는 여우', '영악한 원숭이' 등의 이름을 지어 주었다.

아나바다
– 아껴쓰고 나눠쓰고 바꿔쓰고 다시쓰기

핵심어를 활용하여 글의 내용을 재구성하고 요약하는 놀이
이다. 핵심어를 고르고 이를 교환하는 놀이 과정을 통해 글에
대한 이해력을 높이고 글을 능동적으로 읽는 능력을 기를 수
있다.

- **활동단계** 읽기 후
- **인원** 모둠별 4~6명 / 3모둠 이상 필요
- **준비물** 포스트잇, A4용지
- **시간** 25~30분
- **방법**

① 사전 활동으로 참여자는 같은 책을 읽는다.

② 모둠원은 서로 의논하여 글의 내용을 요약하는 데 꼭 필요한 핵심 단어 15개를 골라 15개의 단어 카드를 만들고, 책에는 나오지만 불필요한 단어 5개를 골라 5개의 함정 카드를 만든 후, 서로 카드를 나누어 가진다.

③ 주어진 시간 동안 다른 모둠원들과 덧셈 가위바위보 게임(두 사람이 내민 손가락 숫자만큼 빨리 말하는 사람이 이긴다.*진진가 놀이 참조)을 한다. 이때 이기면 상대방의 카드를 보고 맘에 드는 카드가 있으면 그냥 가져오거나 자신의 카드 하나를 주고 가져올 수 있다. 또는 상대방의 카드를 가져오지 않고 자신의 카드를 그냥 줄 수도 있다.

④ 모아 온 단어들을 이용해 줄거리를 요약한다.

⑤ 필요한 핵심 내용이 모두 들어 있고 이를 잘 정리한 모둠이 이긴다.

■ 즐거운 놀이를 위한 도움말

① 모둠별 전략 회의 시간 주기: 모둠별 핵심어 얻기 활동 중간에

2부 창의적 사고 역량

1분 정도 모둠별 전략 회의 시간을 주면 카드를 모두 잃어서 놀이에 참여하기 어려운 아이들이 다시 놀이를 할 수 있도록 만들 수 있다. 더불어 아이들이 전략적으로 필요한 카드가 무엇인지 생각하고 효율적으로 놀이에 임할 수 있다.

교사는 모둠원 모두가 카드를 다 잃기 전에 활동 상황을 관찰하고 적절한 때에 개입하여 모둠별 전략 회의 시간을 준다면, 카드를 모두 잃은 모둠이 생기는 것을 방지할 수 있다. 또는 카드를 모두 잃은 모둠이 생기기 전에 게임을 종료할 수도 있다.

② 목적을 잊지 않기: 간혹 놀이에 집중하다가 정작 필요한 카드는 챙기지 못하는 경우가 발생할 수 있다. 우리 팀에게 불리한 카드는 주고 유리한 카드는 많이 얻어 오는 것이 유리하다는 것을 학생들에게 상기시킨다.

③ 획득한 카드로 새로운 이야기 만들기: 획득한 카드로 새로운 이야기를 만들어 보는 활동으로 변형시킬 수 있다. 이때 원래 글과는 어떠한 차이가 있는지 발표하게 하여 다른 모둠과 아이디어를 공유하게 한다.

④ 카드의 수는 재량껏 조절 가능: 카드의 수는 상황에 맞게 조절이 가능하다.

■ 활동 사례

책을 읽고 난 후 학생들이 글의 내용을 요약하는 것은 능동적인 독자가 되기 위한 첫걸음이다. 하지만 실제 교과 수업에서 요약하는 방법을 수박 겉핥기식으로 다루는 경우가 많다. 방법은 익숙해지지 않으면 소용이 없다. 아이들이 직접 핵심어를 획득하는 과정에서 무엇이 중요한지 깨닫고 이를 활용하여 한 편의 이야기를 정리해 보는 '아나바다' 놀이는 요약 방법을 연습하는 데 효과적이다.

이 놀이는 시나리오 내용 요약하기 수업 시간에 적용되었다. 시나리오를 함께 읽은 후 5분 동안 학생들에게 중요한 핵심 단어 15개, 속임수 카드 5개를 만들게 했다. 카드를 만들 때 중요 인물, 중요 배경, 중요 사건이나 소재 등을 활용하게 했다. 이후 요약하기 활동에서 카드에 있는 인물과 카드에 있는 배경, 사건, 소재만을 쓸 수 있음을 강조하여 설명하였다.

카드를 다 만든 후 3분 동안 다른 모둠원들과 가위바위보를 하며 핵심어 획득하기 놀이를 진행했다. 이때 가위바위보에 이긴 학생은 자신이 원하는 카드를 받거나 필요하지 않은 카드를 진 사람에게 줄 수 있다. 물론 교환도 가능하게 했다. 3분이 지난 후 1분 동안 원래 모둠으로 돌아가 카드를 서로 다시 나누고 작전 회의 시간을 갖게 했다. 이 시간을 갖지 않으면 이미 카드를 다 잃은 아이들이 아무 것도 못하고 교실을 배회하는 경우가 발생할 수 있다. 이를 방지하기 위해 모둠별 작전회의 시간을 부여했다. 회의가 끝나면 다시 3분 동안 핵심어 획득하기 놀이를 진행했다. 놀이가 끝난 후 모둠별로 획득한 카드를 모둠 칠판에 붙이고 그 밑에 함께 읽은 이야기의 내용을 3문장으로 요약하게 했다. 이때 반드시 모든 카드의 내용을 활용해

야 함과 카드에 없는 인물, 배경, 소재, 사건은 쓸 수 없음을 숙지시
킨 후 내용을 작성하게 했다. 모둠 칠판에 획득한 카드를 모두 붙이
게 한 후 단어들을 활용한 요약문이 완성되었으면 모둠 칠판을 앞으
로 제출하여 함께 내용을 공유했다. 이후 가장 잘된 요약문이 무엇
일지 투표하여 승리 모둠을 결정했다.

3부

심미적감성역량

인간에 대한 공감적 이해와 문화적 감수성을 바탕으로
삶의 의미와 가치를 발견하고 향유할 수 있는 능력

책친구 놀이
소곤소곤 짝짝
마음이 통통
우리는 하나유 - 몸으로 생각 표현하기
말 달리자! - 달리 하자, 빨리 하자.
같이시 외우구 승리동

책친구 놀이

처음 만나는 사람들끼리 책을 매개로 친해질 수 있도록 돕는
놀이이다. 학년 초 학급에서, 혹은 처음 시작하는 독서 공동
체에서 첫 모임 프로그램으로 진행하면 좋다. 자기소개하기
를 힘들어하는 자리에서 서로를 소개하고 이해하는 활동으로
유용하다.

- **활동단계** 읽기 전
- **인원** 모둠별 4명 이상 (짝수가 좋음)
- **준비물** 도서관 책, B4용지
- **시간** 60분
- **방법**

① 모둠 안에서 두 명씩 짝을 짓는다.

② 5분 동안 짝에 대해 3가지 이상을 알아내도록 한다.

　　예 혈액형, 성적, 가족, 좋아하는 책, 음식, 취미 등

③ 알아낸 정보를 가지고 10분 동안 친구와 가장 잘 어울린다고 생각하는 책을 골라 온다.

④ 모둠 내의 다른 사람들에게 자신의 짝을 소개하고 그 책을 고른 이유를 설명해 준다. 그런 다음 책은 그 짝에게 건넨다.

⑤ 돌아가며 ④와 같이 짝 소개를 한다.

⑥ 짝 소개가 끝나면 모둠 이름 정하기 놀이를 시작한다.

⑦ 각자가 갖고 있는 책의 제목 중 최소 한 글자 이상을 포함시켜 모둠 이름을 정한다. 모둠 이름에 어떤 의미를 부여할 것인지도 상의한다.

⑧ 모둠 이름이 정해지면 모둠장은 B4용지에 모둠 이름을 크게 쓴다.

⑨ 모둠별로 돌아가면서 각자 모둠 이름과 모둠 이름을 짓게 된 이유를 발표한다.

■ 즐거운 놀이를 위한 도움말

① 모둠은 자유롭게 구성하기: 모둠 구성원이 홀수라도 가능하고
전체 인원이 적으면 모둠을 만들지 않아도 좋다.
② 책은 이미지를 기준으로 선정: 책 내용보다는 제목, 표지의 색
깔, 삽화, 디자인 등 짝 이미지에 어울리는 책을 선택하도록 미
리 안내한다.
③ 모둠 이름 소개: 모둠장이 모둠 이름을 소개할 때, 천천히 말하
면서 모둠원들은 자기 책의 이름이 들어간 글자가 나올 때 책
을 높이 들어 준다.

■ 활동 사례

시를 같이 창작하고 시집을 읽는 방과 후 활동에서 활용해 보
았다. 방과 후 활동 특성상 각 반에서 소수의 학생들, 혹은 한 명의
학생이 한 반을 이루게 된다. 이러한 반을 운영할 때, 초반에 학생들
의 친밀감을 키우는 것은 이후 수업 진행에 좋은 영향을 미친다.
처음에는 가볍게 자기소개를 해 보라고 했다. 잠시 정적이 흘렀다.
"자기소개하기가 힘들죠?"라며 가볍게 웃어넘기고, 그럼 앞으로는
친구를 대신 소개하는 활동을 해 보자고 했다. 학생들의 한결 편해
진 마음이 느껴졌다. 시 관련 수업인 만큼 책 종류를 시집으로 한정
지었고, 학생들이 24명이라 6명씩 4모둠으로 진행했다. 되도록 같은
반 친구는 한 모둠에 넣지 않았다.

일단 옆에 앉은 사람끼리 짝을 맺어 줬다. 5분을 줄 테니 짝에 대해 3가지 이상 알아내라고 하자 몇몇 재잘대는 친구들이 있었고, 멀뚱하니 있는 친구들도 있었다.

"어렵게 생각하지 말고, 남자 친구 있는지, 집이 어딘지, 취미가 무엇인지, 좋아하는 연예인이 있는지 등등의 가벼운 질문을 해 보세요."라고 말하면서 도움말을 줬더니 금세 교실이 즐거운 소리로 가득 찼다.

친구에 대해 알아냈으면 5분 동안 시집 코너에 가서 친구를 소개하기 좋은 책을 한 권씩 가져오라고 안내한다. 학생들은 분주하게 움직이며, 친구를 위해 무슨 책을 고를까 고심한다. 책을 고를 때는 내용을 전부 보려고 하지 말고, 친구의 특징을 잘 나타내 준다고 생각하는 책 제목, 책 표지 그림, 책 안의 그림, 책 표지의 색상 등을 참고하면 된다고 조언해 주었다.

한바탕 소동이 끝나고, 학생들이 제자리로 돌아오면, 본인이 맡은 친구를 다른 모둠원에게 소개하는 시간을 가진다. 본격적인 소개하기 시간을 갖기 전, 교사가 한 학생을 직접 소개해 주는 시범을 보이는 것도 좋다. "이 친구에 대해 제가 알아낸 것은 무엇, 무엇, 무엇이었어요. 그래서 이 책의 제목이 이 친구에게 딱 알맞은 것 같아 이 책을 찾아왔습니다."라는 식으로 소개를 끝내자 다른 모둠원들이 박수를 치면서 호응해 주었다. 이렇게 모둠원 전원이 소개가 끝나면 소개한 책을 해당 친구에게 전달하고, 모둠 이름 짓는 순서로 넘어간다.

모둠 이름을 지을 때, 모둠원이 이야기를 하긴 하지만, 능력이 뛰어난 학생 한둘이 주도하는 경우가 많다. 하지만 이 놀이를 활용하면 그런 일이 줄어든다. 한 책 당 반드시 한 글자 이상이 들어가야 하므로, 소외되는 사람이 없다. 한 번에 멋진 이름이 딱 나오지는 않지만, 시간을 정해 두면 재미난 이름, 꽤 멋진 이름이 만들어진다. "우리는 한국의 재주 많은 여자들"이라는 이름을 지어서 발표했던 모둠도 생각난다.

모둠 이름을 다 지었으면 B4 종이에 크게 이름을 쓰고, 모둠장이 일어나 모둠 이름을 발표한다. 이때, 모둠장은 천천히 모둠 이름을 말하고, 모둠원은 자신의 책 이름이 들어간 부분에서 책을 번쩍 들어 준다. 조 이름을 말한 후에는 조 이름의 의미를 재치 있게 설명한다. 나머지 모둠원은 경청하고 발표가 끝날 때마다 박수를 쳐준다.

천천히 하면 6모둠 기준 1시간, 조금 빨리 진행하면 30분 정도 소요된다. 고등학교는 30분 정도면 되고, 초등학교는 1시간 정도 잡으면 적당하다. 이 놀이를 진행하고 나면 모둠 안에서 서로 친밀해질 수 있고, 그 친밀감을 바탕으로 그 후 진행되는 독서활동을 계속해 나가면 좋은 독서모임을 지속할 수 있다.

소곤소곤 짝짝

:

친구들과 책 내용을 귓속말로 '소곤소곤' 전하고, 그 후 마음
이 얼마나 '짝짝' 맞았는지를 확인하는 놀이이다. '짝짝' 맞
은 부분이 많을수록 많은 점수를 얻게 된다. 이해력과 공감
능력을 키우는 데 유익하다.

- **활동단계** 읽기 전, 후
- **인원** 모둠별 6명~8명
- **준비물** 없음
- **시간** 15분
- **도구** 없음
- **방법**

① 사전 활동으로 참여자는 같은 책을 읽는다.

② 순서가 정해지면, 첫 번째 사람이 책 내용 중 가장 기억에 남는 단어를 다음 사람에게 귓속말로 전한다.

③ 귓속말을 듣고 책 내용 중 연상되는 단어를 다음 사람에게 귓속 말로 전한다. 단, 바로 전 사람과 같은 단어를 말할 수 없다.

④ 마지막 사람은 연상되는 단어를 큰 소리로 말한다.

⑤ 참여자들은 놀이 진행의 역순으로 자신이 말했던 단어를 큰 소 리로 공개하며 상대방이 어떤 말을 했는지 확인한다.

⑥ 같은 단어를 말한 사람 수만큼 점수를 부여하고(10점씩), 그중 첫 번째 사람이 말한 단어가 나올 경우 보너스 점수(30점)를 주 어 가장 많은 점수를 획득한 모둠이 이긴다.

■ 즐거운 놀이를 위한 도움말

① 생각할 시간 주기: 각 참여자가 단어를 말하기 전에 생각할 수 있는 시간을 30초 정도 부여한다.

② 다양한 인원 구성: 모둠 대항으로 총 득점을 기준으로 순위를

가르면 놀이가 한층 재미있어진다. 모둠 대항이 아닐 때는 점수를 부여하지 않아도 된다.

■ 활용 사례

'소곤소곤 짝짝'은 옆 친구와 '소곤소곤' 말하는 과정을 통해 친구와 조금 더 친밀해질 수 있는 기회를 제공한다. 읽기 전 활동에서는 연상하기로 가능하고, 읽기 후 활동에서는 내용 확인 놀이로도 가능하다. 실제 수업에서 읽기 전 놀이는 창의적이면서 엉뚱한 이야기가, 읽기 후 놀이에서는 공감되는 이야기가 많이 나왔다.

먼저 읽기 전 놀이는 모둠별 첫 번째 학생이 책 제목을 보고 떠올린 단어를 옆 친구에게 귓속말로 전달하는 것에서 시작한다. 그 말을 들은 두 번째 친구는 또 그 단어에서 떠오르는 단어를 옆 친구에게 귓속말로 소곤소곤 전한다. 이런 식으로 소곤소곤거리며 말할 때 아이들의 표정은 무척이나 진지했다.

이 놀이의 가장 하이라이트는 마지막 학생이 단어를 크게 말하고 앞으로 차례차례 친구들이 자신이 말한 단어를 외칠 때이다. (함께 읽을 책 이름은 《엄마의 말뚝》이었다.) 마지막 학생이 '인간'을 말하자, 앞 학생들은 '남성', '여성', '딸', '엄마', '여성' 순으로 이야기를 했다. 앞서 같은 단어 '여성'이 두 번 나왔으므로 점수 20점(10점*2번)을 주었고, 첫 번째 사람이 '여성'을 말했으므로 보너스 점수 30점을 부여했다. 읽기 전 놀이는 많은 학습효과를 기대하기보다는 창의적이고 엉뚱한 대답을 해서 얻는 즐거움이 더 컸다.

읽기 후 놀이는 학습적인 요소가 더 많았다. 아무래도 책을 읽고 하는 놀이다 보니, 이야기의 순서대로 단어가 나오는 경우도 있었고, 인과 관계로 연상되어 나오는 부분도 있었다. 그렇다고 놀이 요소가 많이 떨어지는 것은 아니다. 이야기하다 보면, '아 저렇게도 연상할 수 있구나.', '아 저 부분이 저렇게 연결도 가능하구나.' 등 의미를 부여하지 않고 그냥 지나쳤던 부분을 친구의 연상을 통해 알게 되는 부분도 많다. 그래서 학생들은 또 깨닫고 배우게 된다.

마음이 통통

책을 읽은 후 연상되는 단어나 내용이 서로 얼마나 일치하는
지 맞춰 보는 놀이이다. 책을 읽기 전과 후 모두 적용할 수 있
는 놀이이다. 읽기 전에는 읽을 책에 대해 훑어보며 예측해
보기를 통해 동기를 유발할 수 있고, 읽기 후에는 책 내용 공
유를 통해 이해력을 향상시키고, 공감능력을 키울 수 있다.

• **활동단계** 읽기 전, 후

• **인원** 모둠별 4~6명

• **준비물** 마음이 통통 카드, 주제어 카드

• **시간** 15분

• **도구**

1. 마음이 통통 카드

마음이 통통(주제어:)		
번호	단어	점수
1		
2		
3		
4		
5		
합계		

2. 주제어 카드

문제 카드 (주제어:　　　　　　　　　　)

• **방법**

1. 읽기 전

① 함께 읽을 책의 표지, 제목, 작가 등 책에 대해 간단히 살펴볼

시간을 5분 정도 준다.

② 모둠장은 모둠원들에게 '주제어 카드' 3장과 '마음이 통통 카드' 1장씩 나눠 준다. (모둠장도 함께 참여 가능)

③ 참여자는 본인이 살펴본 내용을 중심으로 이야기 나누고 싶은 주제어를 카드에 적어서 제출한다.

(주제어 카드 예시: 책 표지, 목차, 책 제목, 책에서 다루는 중심 내용, 주인공 등)

④ 모둠장은 카드를 받아 가운데에 엎어 놓는다.

⑤ 가위바위보로 순서를 정하고, 첫 번째 참여자가 주제어 카드를 뒤집는다.

⑥ 주제어가 제시되면 모든 참여자는 '마음이 통통 카드'에 해당 주제어에 대해 떠오르는 단어를 5개씩 적는다.

⑦ 첫 번째 참여자가 '마음이 통통 카드'에 적은 단어 중 첫 번째 적은 단어를 말한다.

⑧ 나머지 참여자는 자신이 적은 단어 중, 첫 번째 참여자가 말한 단어와 일치하는 단어가 있으면 손을 든다.

⑨ 손을 든 사람 숫자만큼(단어를 말한 사람 포함) 해당 단어 옆 칸 점수 칸에 적는다.

⑩ 순서대로 돌아가면서 자신이 적은 단어를 하나씩 말하고 점수를 기록한다. 마지막 사람까지 단어를 다 말했으면 점수를 합산하여 계산한다.

⑪ 다음 순서의 사람이 문제 카드를 뒤집고 문제 카드가 소진될 때까지 반복한다.

2. 읽기 후

① 사전 활동으로 참여자는 같은 책을 읽는다.

② 참가자는 책을 읽은 후 이야기 나눌 수 있는 주제어를 각 카드에 적어서 제출한다.

   (주제어 카드 예시: 등장인물 이름, 중심 소재, 생각나는 중요 사건은? 등)

③ 이후 활동은 읽기 전 활동의 ④번~⑩번까지 동일하다.

• 놀이 사진

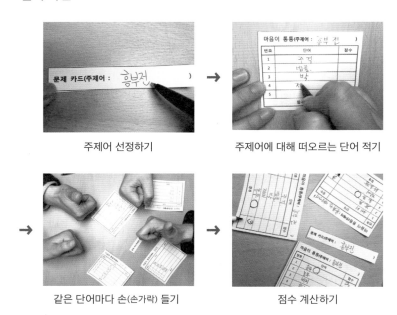

주제어 선정하기

주제어에 대해 떠오르는 단어 적기

같은 단어마다 손(손가락) 들기

점수 계산하기

3부 심미적 감성 역량

■ 즐거운 놀이를 위한 도움말

① 놀이를 하기 전에는 '비슷한 걸 적으면 좋다'라고 알려 주지 않는다. 그렇게 된다면 놀이적인 요소가 많이 줄어든다.
② 비문학을 읽고 나서: 주제어 카드 없이 '마음이 통통 카드'만 나눠 주고 모둠별로 함께 읽기가 가능하다. 비문학 지문을 읽고 중요하다고 생각하는 단어를 '마음이 통통 카드'에 적으라고 하면, 중심내용을 유추할 때에 훨씬 도움이 된다.

■ 활용 사례

학생들이 한 책을 온전하게 읽고 책 내용을 모두 기억하는 것은 쉽지 않다. 마음이 통통 놀이는 한 책을 온전하게 읽고 난 후 하기 좋은 놀이이다. '흥부와 놀부' 이야기를 가지고 게임을 진행했고, 인물이나 소재가 많은 것이 아니라 주제어 카드는 생략했다. 대신 책을 읽고 가장 기억에 남는 단어를 5개 적으라고 말했다.

학생들이 자신의 통통 카드를 채워 나갔다. 기억이 나지 않으면 책을 다시 봐도 좋다고 말했다. 5개의 칸이 금방 찼고, 놀이를 진행했다. 첫 번째 학생이 '흥부'를 말했다. 나머지 학생들 전원이 손을 들었다. 모두의 입에서 "오!"라는 감탄사가 절로 나왔다. 뿌듯해하며 점수 칸에 5를 적는 학생들의 모습이 귀여웠다.

생각보다 다양한 단어가 나와서 놀랐다. 흥부, 놀부, 제비, 박씨 외에도 주걱, 금은보화, 도깨비, 톱질 등등 나름 줄거리에서 중요한 부분을 차지하는 단어들이 나왔다. 가끔 혼자만 아는 단어를 써도 친구들은 야유보다는 그 단어가 어디 있는지 궁금해하며 물어봤다. 점수를 얻지 못해도 웃음이 넘쳐 분위기가 좋았다.

이 부분에서 알 수 있는 것이 '마음이 통통' 카드는 독창적인 것보다는 다른 사람들도 많이 기억할 수 있는 내용을 써야 한다는 것이다. 그렇다고 특이한 게 나쁘기만 한 것은 아니다. 다른 참여자들은 '오! 맞다. 그런 부분이 있었지!'라며 연신 감탄사를 내뱉는다.

게임이 진행될수록 질문이 많아진다. 딱 떨어지는 답이 아니다 보니 어디까지 통하는 것으로 봐야 할지 애매한 것이 있기 때문이다. 되도록 비슷한 것들은 맞았다고 해서 점수를 많이 가져갈 수 있도록 하는 것이 게임 진행하는 선생님의 역할이다.

끝까지 다 진행을 하고 나면 모둠별 1등에게 시상을 한다. 여기서 게임이 끝난 것이 아니다. 반전이 일어난다. 각 모둠 구성원의 점수를 모두 합쳐 모둠별 순위를 낸다고 말한다. 학생들은 항상 이 부분에서 말한다. '아! 보여 주면서 할걸!' 모둠원끼리 많이 통했으면 총점이 높아지기 때문이다. 놀이에서 항상 문제시 되는 개별적인 경쟁의 의미를 축소시키고 의외의 모둠별 대항을 할 때, 학생들은 또 다른 것을 배운다. 이 부분이 진정한 '마음이 통통' 게임의 묘미 아닐까?

우리는 하나유
- 몸으로 생각 표현하기

연극의 방식을 활용한 책놀이다. 책을 읽은 후 한 명씩 순서
대로 책 속의 주요 장면을 몸동작으로 표현하며 책의 한 장
면을 표현한다. 승패를 가리는 놀이는 아니지만, 책의 내용을
되짚으며 재미있게 줄거리를 재구성하는 놀이이다. 다른 사람
의 표현 방식을 관찰하며 다양한 관점과 해석을 하도록 하는
데 도움을 준다.

- **활동단계** 읽기 후
- **인원** 모둠별 5~8명
- **준비물** 없음
- **시간** 30분
- **방법**

① 사전 활동으로 참여자는 같은 책을 읽는다.

② 진행자가 책 줄거리의 첫 부분 중 인상적인 부분을 몸으로 표현한다.

③ 첫 번째 참여자는 진행자가 표현한 내용을 똑같이 흉내 내어 표현한 후, 그 다음에 해당하는 내용 중 일부를 몸으로 표현한다.

④ 두 번째 참여자는 진행자가 표현한 내용과 첫 번째 참여자가 표현한 내용을 순서대로 표현한 후, 그 다음에 해당하는 내용 중 일부를 몸으로 표현한다.

⑤ 이러한 방식으로 계속 반복하여 진행한다.

⑥ 도중에 기억해 내지 못하거나 새로운 내용을 추가하지 못하면 게임이 종료되고 그 참여자에게는 적당한 벌칙을 부여한다.

■ 즐거운 놀이를 위한 도움말

① 소풍놀이로 몸풀기: 같은 방식으로 진행하되 책 속의 내용 대신 소풍에 필요한 물품을 하나씩 몸으로 표현하는 방식으로 몸풀기 놀이를 진행해 볼 수 있다. 몸풀기 놀이를 통해 놀이 방식을 더 쉽게 이해시키고 참여율을 높일 수 있다.

② 참여자의 수준에 따라 진행 방식 바꿔 보기: 읽은 내용을 몸으로 표현하는 데에 어려움을 겪을 경우, 진행자가 해당 부분에 대한 그림을 미리 보여 주는 방법을 활용할 수 있다. 반 인원이 20명 이상일 경우에는 쪽수를 나눠 정해 주고 그 해당하는 내용을 표현하게 하는 방법으로 진행할 수도 있다.

③ 벌칙 부여 시점: 보통 여러 사람의 표현을 되풀이하다 보면 직전 순서에 대한 내용을 놓치기 쉽다. 표현을 되풀이하며 막히는 부분에서 벌칙을 주되 직전 순서에 대해서는 반복이 적어 막히는 경우가 많으므로 여러 번의 기회를 주는 것도 원활한 놀이 진행의 방법이 될 수 있다. 그리고 벌칙은 꼭 부여하지 않아도 좋다.

■ 활용 사례

웬만한 국어 수업으로는 학생들의 집중을 이끌어 내기 어려운 남자 중학생들에게 이 책놀이는 모든 학생들이 집중하고 적극성을 끌어내는 데 효과적이다. 이 놀이의 특성상 주로 이야기책을 읽고 난 후 활동을 했다. 이 놀이는 책을 잘 읽지 않고 내용 파악이 서투른 학생들에게 책의 줄거리를 몸으로 기억하게 하고 인물의 심리 파악을 더 용이하게 하는 역할을 해 주었다.

놀이 진행을 수월하게 하기 위해서는 '소풍놀이'를 먼저 짧게 진행해 보는 것이 좋다. '소풍놀이'는 소풍에 갈 때 가져가고 싶은 것을 말하는 것으로 일종의 기억력 게임이다. 처음 시작하는 학생이 '김밥'이라고 하면 다음 학생은 앞에 학생이 말한 '김밥', 그리고 자신이 가지고 가고 싶은 것을 또 말한다. 이런 식으로 기억을 못 하는 학생이 나올 때까지 반복하는 놀이이다. 학생들에게 놀이 방식을 구체적으로 설명하지 않아도 몸풀기 놀이를 통해 쉽게 이해시킬 수 있고, 놀이에 대한 흥미도 높일 수 있다.

몸풀기 놀이가 끝나고 이번에는 학생들이 읽은 책을 가지고 책놀이를 진행했다. 처음에는 학생들이 과연 적극적으로 참여할 수 있을까 하는 점이 걱정이 되었다. 하지만 아이들은 친구가 앞에 나와 표현한 장면을 보고 그 동작을 따라 하면서 부족한 부분들을 보완하기도 하고, 자신의 표현을 덧붙이기도 하는 등 자기만의 개성을 한껏 드러내었다. 아이들에 대한 우려가 무색해지는 순간이었다.

책의 내용을 숙지하고 다른 사람이 표현한 내용에서 빠진 부분을 보충하여 자신의 해석을 담아 표현하는 것은 학습에 큰 도움이 된다. 놀이로 진행을 하지만, 중간중간에 진행자인 교사가 개입하여 내용을 보충해 주면 학습의 효과가 더 커질 수 있다. 단순한 놀이가 아닌 학습을 위한 놀이라는 점을 학생들도 인지하고 있기 때문에 교사가 적절하게 개입하여 부족한 부분을 보충해 주면 학생들의 집중도를 높일 수 있다. 여기에 적절한 보상과 벌칙을 통해 놀이 방식에 변화를 주어 더욱 재미있게 진행을 할 수 있다.

학습 진도를 나가는 중간에 놀이를 진행할 때는 교사의 개입이 다소 필요하지만, 진도를 모두 마친 후 실시하는 놀이 진행 과정에서는 교사의 개입을 최소화하는 것이 학생들의 참여도를 높일 수 있다. 진도를 마친 후에도 놀이 과정에 교사가 개입하게 되면 학생들은 학습의 연장이라는 생각이 들어 흥미를 잃을 수도 있기 때문이다.

'우리는 하나유'는 친구들의 표현 방식을 관찰하고 다양한 관점과 해석을 수용한다는 기본적인 목적 외에도, 평소와는 다른 학생들의 모습을 볼 수 있다는 점에서 더 흥미로운 수업놀이가 될 수 있었다. 책의 내용을 올바로 잘 이해하는 모습에서 보람을 느끼고, 학생들의 다채로운 모습에서 공감대를 형성하며 학생들과 한결 더 가까워질 수 있었던 소중한 경험을 준 유익한 놀이였다.

말 달리자!
– 달리 하자, 빨리 하자.

．
．
．

동시에 같은 단어를 외치거나 맨 마지막에 단어를 외친 사람
이 지는 놀이이다. 책과 관련되어 연상되는 다양한 말들을 들
어 보고 그에 공감하며 책에 대한 창의적인 생각들을 이끌어
낼 수 있다.

- **활동단계** 읽기 전, 후
- **인원** 모둠별 4~6명
- **준비물** 없음
- **시간** 15분
- **방법**

1. 읽기 전

    ① 참여자들은 모두 같은 책을 5분간 훑어 읽는다.

    ② 책을 덮고 책과 관련된 단어들을 머릿속에 떠올려 본다.

    ③ 사회자가 놀이 시작을 알리면 눈치를 보며 자신이 떠올린 단어를 일어서서 먼저 말한다.

    ④ 다음 참여자는 앞에서 말한 사람과 다른 단어를 말하되, 다른 참여자와 동시에 일어나거나 끝까지 다른 단어를 말하지 못하고 일어서지 못하면 놀이에서 진다.

2. 읽기 후

    ① 사전 활동으로 참여자는 같은 책을 읽는다.

    ② 책을 덮고 책과 관련된 감상이나 자신이 인상적이었던 부분과 그 이유를 떠올려 본다.

    ③ 사회자가 놀이 시작을 알리면 눈치를 보며 자신의 감상 내용을 말한다.

    ④ 다음 참여자는 앞에서 말한 사람과 겹치지 않는 내용을 말해야 하며, 겹치는 내용을 말하거나 끝까지 이야기를 하지 못하는 사람이 놀이에서 진다.

■ 즐거운 놀이를 위한 도움말

① 훑어 읽는 방법 알려 주기: 책의 내용을 짧은 시간 훑어 읽
  어도 좋지만, 학생들의 학년이나 수준을 고려하여 제목이나
  목차만 보는 것만으로 방법을 제한하면 진행이 수월해질 수
  있다.
② 읽기 후 활동에서는 상황에 따라 세부규칙 필요: 감상평을
  말할 때 생각할 시간을 부여한다든가, 말하기 전 책을 열어
  볼 수 있는지의 여부를 미리 정해 두면 진행에 도움이 될 수
  있다.
③ 진 사람에 대해서는 벌칙 부여: 학습에 목적을 두고 벌칙 없이
  진행이 될 수도 있겠지만, 주령구나 기타 제비뽑기 형식을 빌려
  벌칙을 마련해 두면 놀이가 더 흥미로워질 수 있다.

■ 활용 사례

읽기 전, 중, 후 활동에 대해 이론으로는 배우지만, 실제로 적용해
보기는 쉽지가 않다. 특히 읽기 전 활동이 상대적으로 중, 후 활동
보다 적용 사례가 많지 않은 것 같다. 그러한 면에서 이 '말 달리자'
놀이는 전, 후 활동에 두루 활용할 수 있지만, 특히 읽기 전 활동이
무엇인지 학생들이 알게 하는 데 적합한 놀이이다.
훑어 읽기 후 놀이를 진행할 때 연관된 단어가 많이 나오기는
한다. 하지만 제목과 목차만으로도 충분히 재미있는 놀이를 만들어

닐 수 있다. 첫 번째 학급에서 읽기 전 활동으로 놀이를 진행해 보니 눈치게임의 방식이 재미있으면서도 참여하지 않는 일부 학생들로 인해 놀이가 지지부진해지기도 했다. 참여하지 않는 학생들은 두 부류였다. 수업 자체에 흥미가 없든지 아니면 단어 연상에 어려움을 느끼는 학생들이었다. 이러한 점을 보완해 보고자 두 번째 학급에서는 연상되는 단어로 모둠별 빙고놀이를 진행해 보았다. 물론 모둠별 활동이기 때문에 무임승차하는 학생도 있었겠지만, 연상에 어려움을 느끼는 학생들에게는 개인전 놀이보다는 나을 수 있겠다는 생각이 들었다. 어쨌든 다른 친구들의 연상 내용을 보며 책에 대한 읽기 전 활동을 간접적으로나마 할 수 있었을 것이라고 생각했다. 여기서 빙고놀이의 방식을 빌릴 때는 빙고의 개수를 조정할 필요가 있었다. 책의 분량이 많고 적고를 떠나서 읽기 전 활동인 만큼 연상의 범위가 제각각이고 너무 넓어 빙고를 많이 만들어 내기가 어렵다. 연상의 내용이 중복되기 어려운 상황에서 빙고 칸이 많을 필요는 없고, 빙고의 개수 또한 한두 개면 충분하다. 진행자의 판단에 따라 최소화시켜 놀이를 진행하면 좋겠다.

읽기 전 활동에서 연상되는 단어를 나누어 보고 연상되는 단어가 어떠한 식으로 실제 내용과 연결이 되는지를 수업에서 풀어 나가면 학생들의 몰입도를 높일 수 있다. 그리고 읽기 후 활동으로 다시 한 번 감상평과 인상적인 구절로 놀이를 진행하면 3차시에서 5차시로 된 효율적인 수업을 구성할 수 있을 것이다.

중학교 3학년 학생들을 대상으로 진행해 본 수업 적용 사례를 적어 보았다. 읽기 전, 중, 후 활동에 대해 2학년 때 학습하고 올라온 학생들에게 앞의 활동이 읽기에 어떤 도움을 줄 수 있는지 직접 경험을 통해 알 수 있게 해 주는 유익한 책놀이였다.

3부 심미적 감성 역량

같이 시 외우구 승리동

:

모둠별로 협력하여 시 한 편을 나누어 외우는 놀이이다. 모둠
원과 함께 계획을 세우고, 함께 시를 외우는 활동을 통해 시
와 친숙해질 수 있게 한다.

- **활동단계** 읽기 전, 중, 후
- **인원** 모둠별 4~5명
- **준비물** 시집, 교과서 수록 시
- **시간** 40분
- **도구** 없음
- **방법**

① 모둠별로 외울 시를 정한다.

② 정해진 시간 내에 시를 어떻게 나누어 외울지 계획을 세운다.

③ 정해진 시간 내에 각자 맡은 부분을 외운다.

④ 먼저 외운 모둠이 손을 들고 도전해서 정해진 시간 내에 시를 외운다.

⑤ 가장 먼저 도전에 성공한 모둠이 이긴다. 만일 먼저 도전한 모둠이 시 외우기를 실패할 경우 다른 모둠에게 기회가 돌아간다.

■ 즐거운 놀이를 위한 도움말

① 짧은 시로 연습게임 진행해 보기: 학생들의 수준이나 성향을 고려하여 짧은 소절의 시로 연습놀이를 진행해 보면 학생들의 놀이에 대한 승부욕을 자극할 수 있다. 시의 분량을 고려하여 짧은 시부터 긴 시로 놀이를 두세 번 진행하는 것도 시간을 효율적으로 활용하는 방법이 될 수 있다.

② 시의 분량을 고려하여 일정 작품 미리 선정해 주기: 놀이의 형평성을 고려하여 분량이 비슷한 작품을 일정 개수 미리 선정해

주면 진행이 수월해질 수 있다.

③ 시간은 조금 모자라게: 진행자가 판단하여 낭송에 필요한 예상 소요시간보다 조금 적게 시간을 부여하면 놀이가 더 흥미롭게 진행될 수 있다.

④ 힙합음악 활용하기: 시에 적절한 힙합음악을 덧붙여 진행을 한다면 참여자의 연령대에 따라 좀 더 흥미로운 놀이 진행이 될 수 있다.

■ 활용 사례

교과서에 수록된 시 중에는 학생들에게 공감대를 이끌어 내기가 어려운 것들이 많다. 그래도 자주 보고 읽다 보면 그 뜻을 자연스레 느끼는 것이 안 보는 것보다는 나을 텐데, 그나마 자주 보게 하는 방법도 쉽지가 않다.

'같이시 외우구 승리동' 책놀이는 '시'를 자주 보게 하기에 가장 효과적이다. 그래서 보기 힘든 '시'와 조금이나마 친하게 만들어 주는 놀이이다. 교과서에 실린 시를 활용해도 좋고 아니면 학생들에게 공감대를 끌 만한 교과서 외부 작품을 활용하는 것도 좋다. 전자는 전자대로 후자는 후자대로 나름 성과를 거둘 수 있다. 교과서 수록 작품을 활용하면 우선 작품에 대한 친숙도를 높일 수 있고, 외부 작품을 활용하면 '시' 자체에 대한 거부감을 줄여 줄 수 있다.

'시'를 암송할 때는 혼자 하기보다는 '시'가 짧든 길든 여러 부분으로 나눠서 여럿이 암송하는 방법도 효과적이다. 함께 암송하는 활동을 하다 보면 협동심도 기를 수 있지만, 예상하지 못한 변수도 많이 생기게 된다. 여기에 놀이의 요소가 한껏 묻어난다. 여럿이 함께 하는 과정에서 각자가 저지른 실수를 타박하기도 하고 감싸 주기도 하는 모습 또한 소중한 경험이 된다.

같은 시를 가지고 놀이를 진행하다 보니 놀이가 조금 빨리 끝나기도 한다. 앞서 도전한 사람들이 몇 번 실수를 하다 보면 같은 내용이 반복이 되어서인지 다음 사람들은 시를 금방 외우기 때문이다. 수업의 일환으로 진행을 했다면, 시 한 작품을 함께 외우는 놀이를 진행한 후 참여자 모두가 온전히 작품 전체를 외우게 하는 방식을 추가하면 좋을 것 같다.

분량이 비슷한 작품으로 놀이를 진행해 보면, 상대적으로 놀이 시간이 길어진다. 이 놀이의 목적은 한편으로는 다른 참여자의 발표 내용을 경청하고 시 낭송을 함께하는 것에 있다. 그런데 여러 작품을 가지고 진행하다 보면 다른 사람들이 낭송하는 것을 잘 듣지 않는 모습을 보일 때가 있다. 같은 작품으로 했을 때는 상대방의 실수를 잡아내기 위해서라도 경청을 하곤 했는데, 여러 작품으로 할 때는 집중도가 확연히 낮아졌다. 각 모둠이 선정한 작품을 외우기에만 급급한 나머지 다양한 시를 감상하기보다는 승부에만 집착하는 모습을 보인다. 이럴 경우 놀이 전에 미리 각자 맡은 구절에 번호를 지정해 놓고, 다른 사람들이 발표할 때 각자 자신과 같은 번호의 사람이 낭송하는 구절을 받아쓰는 방식을 활용해 보는 것도 놀이에 대한 집중도를 높이는 방법이 될 수 있다.

교과서 수록 작품을 힙합음악으로 만들어 흥얼거리는 학생들의 모습, 교과서 외부 작품에서 감명을 받고 다른 비슷한 작품이나 시집을 추천해 달라는 학생들의 모습을 볼 때면 수업 방식을 바꾼 것이 학생들에게 얼마나 큰 영향력을 주었는지 실감하게 된다. 이렇게 변화된 학생들의 모습이 교사의 의욕을 자극하고, 그 자극에서 더 나은 수업을 고민할 수 있게 해 주는 놀이 수업에 또 한 번 고마움을 느낀다.

4부

의사소통역량

다양한 상황에서 자신의 생각과 감정을 효과적으로
표현하고 다른 사람의 의견을 경청하며 존중하는 능력

감(感) 잡았어 - 숨은 감정 찾기
몸 말리는(몸, 말, 그리는) 주사위
정의의 종이배
기호 다섯 고개
손가락으로 통해요
당연하지! 게임

감(感) 잡았어
– 숨은 감정 찾기

문학 작품 속에 등장하는 인물의 심리를 설명하는 놀이이다. 자신이 받은 감정 카드를 활용하여 작품 속 등장인물의 행동과 심리를 적절하게 연결 짓는 활동을 통해 인물의 심리를 이해하고 작품을 깊이 있게 감상할 수 있다.

- 활동단계 읽기 후
- 인원 모둠별 4~6명
- 준비물 감정 카드
- 시간 15분
- 도구

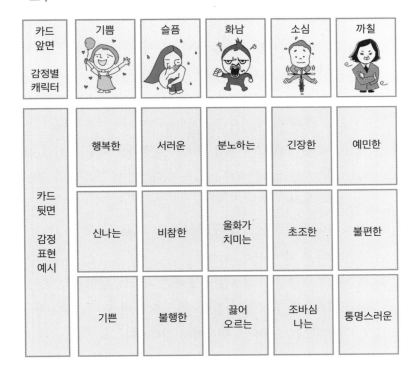

카드 앞면 감정별 캐릭터	기쁨	슬픔	화남	소심	까칠
카드 뒷면 감정 표현 예시	행복한	서러운	분노하는	긴장한	예민한
	신나는	비참한	울화가 치미는	초조한	불편한
	기쁜	불행한	끓어 오르는	조바심 나는	퉁명스러운

　감정 카드: 각각의 카드는 명함 크기 정도가 적당하다. 뒷면에는 위와 같이 감정 영역별로 세세한 감정들을 적는다. 앞면에는 이러한 감정들을 한눈에 알아볼 수 있도록 적절한 캐릭터나 그림을 배치하여 양면으로 출력해 사용한다.

• 방법

① 사전 활동으로 참여자는 같은 책을 읽는다.

② 감정 카드는 각 영역별로 2장씩 모두 10장을 나누어 갖는다.
   (인원수에 따라 가져가는 카드 수는 달리할 수 있으며 남은 카드는 벌칙
   카드로 사용한다.)

③ 순서대로 돌아가며 등장인물이 처한 상황이나 행동에서 느꼈을
   적절한 감정이 적힌 카드를 찾아 그 행동과 감정을 연결 지어
   설명하면서 카드를 내려놓는다.

   예 "흥부(인물)가 집에서 쫓겨났을(행동) 때 서러움을 느꼈을 것 같아
   요.(감정)"라고 이야기하면서 '서러움'이 적힌 카드를 낸다.

④ 설명하고 있는 상황에 여러 감정이 해당되는 경우 자신이 갖고
   있는 감정 카드를 더 내려놓을 수 있다. 단, 이 경우에도 합당한
   설명을 덧붙여야 한다.

⑤ 감정에 대한 설명을 듣고 다른 사람들이 절반 이상 인정하면 다
   음 사람으로 넘어간다.

⑥ 설명이 부적절해서 인정받지 못하면 카드를 내려놓지 못하고,
   대신 벌칙으로 쌓여 있던 감정 카드 중 한 장을 더 가져간다.

⑦ 같은 방식으로 순서대로 돌아가며 진행한다.

⑧ 가지고 있던 카드를 가장 빨리 다 내려놓은 사람이 이긴다.

⑨ 끝까지 진행하여 카드를 먼저 다 내려놓은 순서대로 순위를 가
   린다.

4부 의사 소통 역량

• 놀이 사진

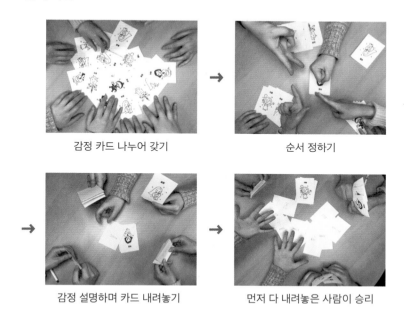

감정 카드 나누어 갖기　　　　　순서 정하기

감정 설명하며 카드 내려놓기　　　먼저 다 내려놓은 사람이 승리

■ 즐거운 놀이를 위한 도움말

① 감정 카드 골고루 나누기: 감정 카드는 캐릭터나 그림이 보이도
  록 엎어 놓은 상태에서 골고루 가져가도록 한다. 이때 긍정의 감
  정과 부정의 감정이 담긴 카드를 고르게 나누어 가질 수 있도
  록 한다.
② 다른 사람 차례 때 끼어들기: 다른 사람의 차례에서 자신에게
  같은 상황에 해당되는 다른 감정 카드가 있을 경우, 끼어들어
  자신의 카드를 내려놓을 수도 있다. 단, 현재 설명하고 있는 상

황에 해당되는 경우에만 자기 카드를 낼 기회가 있으며, 1인당 1장씩만 가능하다.

> 예 "흥부(인물)가 집에서 쫓겨났을(행동) 때 서러움을 느꼈을 것 같아요(감정)"라고 이야기 하면서 '서러움'이 적힌 카드를 낸다. 이때 다른 사람이 "흥부는 서럽기도 했겠지만, 한편으로는 능력 없는 자신의 처지를 비참하다고(감정) 느끼지 않았을까요?"라고 이야기하며 끼어들고, '비참한'이 적힌 카드를 내려놓는다.

③ 생각이 안 날 때는 '통과': 자기 순서에 해당되는 감정을 못 찾았을 경우 다음 사람에게 넘기고 다음 자신의 차례가 왔을 때 할 수도 있다. 이때는 스스로 물러났기 때문에 벌칙 카드를 받을 필요는 없다.

■ 활동 사례

"진짜요? 대박! 전 진짜 자랑하고 싶어서 그런 줄 알았어요."

"좋아하니까 괜스레 말이라도 붙여 보려고 이 얘기, 저 얘기 해 보는 거지."

과거와 달리 요즘의 학생들과 문학 수업을 하며 가장 절실하게 느끼는 차이는 아이들의 공감능력이 많이 떨어지고 있다는 것이다. 소설을 읽고 인물이 왜 그런 행동을 했을지, 그런 행동을 했을 때 어떤 감정이었을지 물으면 학생들은 내용과는 거리가 먼 답변을 해 교사를 당황시킨다. 읽고 난 뒤 자신이 느낀 점을 제대로 말하지 못하는 것은 물론이다.

‘감 잡았어’ 놀이는 학생들에게 다른 사람들의 입장이 되어 그 사람의 마음을 알아보는 활동을 통해 공감능력을 키워 주고자 만든 놀이이다. 소설을 읽고 난 뒤 등장인물이 하는 말과 행동에 담긴 그들의 감정을 추측해 보고 친구들과 함께 자연스럽게 나누는 과정을 경험한다면 소설을 보다 잘 이해할 수 있지 않을까 생각했다.

중학교 1학년 국어 교과서에 나오는 현덕의 〈하늘은 맑건만〉이라는 소설을 읽고 ‘감 잡았어’ 놀이를 적용해 보았다. 우선 함께 소설을 읽고 한 모둠당 4명씩 총9모둠으로 나누어 놀이를 진행했다. 모둠별로 감정 카드 1벌과 점수 카드 4장씩을 주고 5분 정도 간단하게 방법을 설명했다. 가장 빨리 내려놓은 사람은 50점, 두 번째 사람은 40점, 세 번째 사람은 30점, 마지막 사람은 20점을 주도록 배점을 알려 주었다. 그리고 모둠장은 자기 자리에 앉아 카드를 나누어 주고 점수를 기록해 주는 역할을 맡도록 했고, 나머지 모둠원은 자리를 이동하여 다른 모둠에 가서 놀이를 하고 점수를 얻어 오는 방식으로 진행을 했다.

“문기가 사실을 말하고 후련했어.”

“수만이는 환등기를 사서 용돈을 벌 생각에 신이 났어.”

“점순이는 도둑 누명을 써서 서러웠어.”

“삼촌은 문기가 제대로 크지 않을까 염려됐어.”

아이들은 자신이 가지고 있는 카드에 적힌 감정을 느꼈을 만한 인물을 찾고 그 행동을 연결하느라 머리를 쥐어쌌고, 그러다 보니 주요 등장인물뿐만 아니라 주변 인물의 사소한 행동까지도 끌어내 감정과 연결시켰다. 간혹 설명이 타당하지 않다 싶을 때는 인정해 주지 않고 잘못된 이유를 말하며 벌칙 카드를 가져가도록 했다. 처음에는 연결에 애를 먹기도 하고 서로 맞다 틀리다 옥신각신하기도 해 교사가 가서 중재를 하고 누구의 말이 맞는지 판단을 해 주는 경우도 있었다. 하지만 놀이가 거듭될수록 속도도 빨라지고 감정 연결의 옳고 그름에 대한 시비도 줄어들었다. 다른 모둠으로 이동해 놀이를 3회 정도 하고 모둠으로 돌아오게 한 뒤 점수를 합산하도록 했다. 점수를 너무 많이 얻지 못한 학생이 미안해하지 않도록 모둠마다 가장 낮은 점수를 받은 학생은 제외하고 점수를 합산하여 평균을 내도록 하여 우승팀을 가렸다.

조용한 분위기에서 세세하게 등장인물의 감정 하나하나를 꼼꼼하게 따지는 아이들이 있는가 하면, 신나는 분위기에서 창의적으로 등장인물의 감정을 연결해 설명하는 아이들도 있었다. 다른 책놀이에 비해 아이들이 들뜬 분위기에서 놀이가 진행되지는 않았지만 함께 대화를 나누며 서로의 의견에 동의하기도 하고, 잘못 이해한 내용을 수정해 주기도 하는 과정에서 인물에 대한 이해가 깊어져 가는 것을 느낄 수 있어 흐뭇했다.

1회만 하고 끝내 버렸을 때는 학생들이 놀이 방법만 이해하고 책에 대한 이해는 잘 이루어지지 않은 채 끝나 버린다는 생각이 들어 아쉬운 점도 있지만, 모둠별로 서너 번 정도 돌아다니면서 놀이를 진행하게 되면 다른 모둠에서 했던 말을 계속 반복하게 되어 재미가 반감되기도 한다. 아이들이 지겹지 않으면서도 인물의 감정을 잘 이해하기 위해서는 2~3회 정도가 적당한 것 같다. 놀이가 끝난 후 학생들에게 가장 재미있었거나 창의적이었던 카드 설명을 발표하게 해서 듣거나 가장 이해가 되지 않았던 설명을 들어 보고 함께 대화를 나누며 마무리를 했던 것도 재미있었다.

이번에는 소설 수업을 모두 마무리하는 단계에서도 감정 카드를 활용해 보았다. 책상 위에 카드를 엎어 감정이 모두 보이도록 늘어놓은 뒤 학생들에게 이 소설을 읽고 자신의 느낌을 표현할 수 있는 카드를 각자 3장씩 고르게 했다. 그 다음에는 모둠원이 서로 돌아가며 자신의 느낌을 말하고 그 카드를 고른 이유를 1분씩 돌아가며 서로 설명하게 했다.

"이 소설을 읽고 난 부끄럽고, 얄밉고, 안심되는 마음이 느껴졌어. 왜냐하면 나도 예전에 문기처럼 거스름돈을 더 받은 적이 있는데 그냥 죄책감 없이 써 버렸거든. 그리고 그걸 협박해서 문기가 도둑질까지 하게 만들었던 수만이가 얄미웠어. 나 같아도 겁나서 그렇게 하지 않을까 싶었거든. 그런데 나중에 문기가 모든 사실을 털어놓고 죄책감을 벗어 버리고 나니 내가 용서받은 것처럼 안심됐어."

이렇게 하면 소설을 읽고 감상을 말하는 것을 쑥스러워하고 꺼리던 아이들도 소설에 대한 자신의 느낌을 자연스럽게 이야기하게 된다.

'감 잡았어' 놀이는 등장인물의 다양한 감정을 함께 느껴 보고 공감능력을 키워 줄 수 있다는 점에서도 좋았지만 늘 자신의 감정을 좋거나 싫다 정도밖에 표현할 줄 몰랐던 아이들에게 얼마나 다양한 감정의 결이 존재하는지, 그것을 표현할 단어들이 많은지를 깨닫게 해줄 수 있다는 점에서 더욱 매력적인 놀이이다.

몸 말리는(몸, 말, 그리는) 주사위

:

책 속에 나오는 주요 단어들을 다양한 방식으로 설명하고 맞히는 놀이이다. 책을 읽고 문제를 만들어서 맞히는 활동을 통해 책 내용을 복습해 볼 수 있다. 책 속에 나오는 단어들을 몸짓으로, 말로, 그림으로 표현해 봄으로써 어휘력과 표현력은 물론 문제 해결력도 기를 수 있다.

- **활동단계** 읽기 후
- **인원** 모둠별 4~6명
- **준비물** 몸 말리는 주사위, 빈 카드(문제 출제용) 20~30장, 타이머, 점수 카드, 필기도구
- **시간** 15분
- **도구**

몸으로 설명하기

말로 설명하기

그림으로 설명하기

주사위 제작 예시

〈몸 말리는 주사위〉 점수 카드

순번	내가 쓴 정답	실제 정답	점수
1			
2			
3			
4			
5			
점수 합계			

점수 카드 예시

① 몸 말리는 주사위: 위와 같이 몸, 말, 그림에 해당하는 캐릭터나 그림을 두 개씩 주사위 여섯 면에 붙여서 사용한다. 마주 보는 주사위의 면에 동일한 캐릭터나 그림이 들어가도록 위치시킨다.

② 점수 카드: 각자 점수를 기록하기 위해 간단한 표가 적힌 빈 종이를 활용한다.

• 방법

① 사전 활동으로 참여자는 같은 책을 읽는다.

② 문제를 만들 수 있게 20~30장 정도의 빈 카드를 각 모둠에 나누어 준다.

③ 참여자는 주어진 빈 카드에 책 내용과 관련된 단어를 적는다.

④ 다른 모둠에서 만든 카드와 자기 모둠에서 만든 카드를 바꿔 책상 가운데에 엎어 놓는다.

⑤ 제한시간 5분(상황에 따라 조절)을 알려 주고 그 안에 가능한 많은 문제를 풀 수 있도록 안내한다.

⑥ 출제자는 먼저 '몸 말리는 주사위'를 던져 설명 방법(몸, 말, 그림)을 확인하고 카드를 뒤집어 자기만 확인한 후 해당되는 방법에 맞게 문제를 낸다.

⑦ 나머지 사람들은 출제자의 설명을 듣고 정답을 맞힌다.

⑧ 같은 방식으로 순서대로 돌아가며 진행하되 문제를 출제한 사람과 제일 먼저 맞힌 사람이 각각 1점씩 갖는다.

⑨ 같은 방식으로 순서대로 돌아가며 진행한다.

⑩ 제한시간이 끝나면 점수를 합산해 가장 높은 사람이 이긴다.

· 놀이 사진

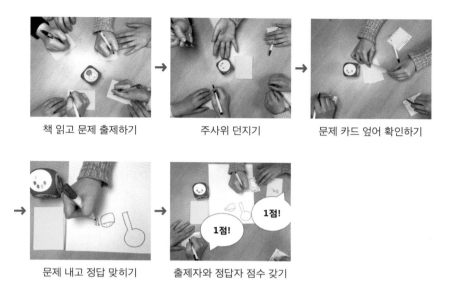

책 읽고 문제 출제하기 → 주사위 던지기 → 문제 카드 엎어 확인하기

문제 내고 정답 맞히기 → 출제자와 정답자 점수 갖기

■ 즐거운 놀이를 위한 도움말

① 학생이 문제 만들기 vs 교사가 문제 미리 만들기: 놀이 시간이
충분하지 않거나 학생들이 꼭 알았으면 하는 문제를 출제하고
싶을 때 혹은 모둠이 하나뿐일 경우는 교사가 미리 문제를 내
문제 카드를 나누어 줄 수도 있다.

② 자리 이동 vs 자리 고정: 모둠 내에서 진행을 하다가 모둠장만
팀에 남게 하고 각 모둠의 참여자들이 고루 섞이도록 자리를 자
유롭게 이동하여 점수를 따 오는 방법도 재미있다. 남아 있는
모둠장은 문제를 풀지 않고 다른 학생들이 문제를 풀 수 있도록

문제 카드를 정리하거나 놀이 규칙을 잘 지키는지를 확인하며, 점수를 정확하게 부여하는 역할을 맡는다.

③ win-win 방식: 이 놀이는 문제를 낸 학생과 그 문제를 맞힌 학생이 각각 1점씩을 받는다. 문제를 잘 설명했고 잘 맞혔기 때문에 모두 점수를 받는 것이라고 학생들에게 설명을 해 준다. 사탕이나 점수 카드를 활용해 점수를 계산해도 되고, 각자 점수 카드에 자기 점수를 표시해 계산할 수도 있다.

④ 말할 기회를 고르게: 놀이를 하다 보면 정답을 특정한 사람만 맞히는 경우가 많다. 따라서 순서대로 출제의 기회가 돌아가듯이 정답을 말하는 사람 역시 순서를 정해 두고 모두가 공평한 기회를 갖도록 안내하는 것이 좋다. 제한시간 내에 정답을 맞히지 못하면 모두에게 기회를 다시 준다.

⑤ 정답을 동시에 말하는 경우: 해당 학생 모두에게 1점을 부여한다.

■ 활동 사례

"무슨 말인지 모르겠어요."
"너무 어려워요. 지루해요."

교실에는 책 읽기를 싫어하거나 재미를 느끼지 못하는 친구들이 점점 늘어나고 있다. 읽기를 힘들어하는 학생들의 읽기 과정을 살펴보다 보면 아이들의 어휘력에 깜짝 놀라게 된다. '언어는 사고의 집'이라는데 아이들은 성장 단계에 맞게 자신만의 집을 키워 가고 있는

4부 의사 소통 역량

지 걱정스럽다.

어려운 단어도 친구들이 서로의 눈높이에서 설명해 주면 보다 쉽고 자연스럽게 단어를 익힐 수 있지 않을까? 표현 방식을 말로만 하는 것보다 몸동작이나 그림으로 표현하는 것도 재밌겠다는 생각이 들어, 여기에 우연적 요소를 넣기 위해 주사위를 활용하기로 했다. 몸짓, 쉬운 언어 풀이, 그리기라는 세 가지 방법을 모두 포함한 주사위. 그렇게 몸, 말, (그)리는 주사위라는 의미로 '몸 말리는 주사위'가 만들어졌다.

중학교 국어 '문학의 즐거움' 단원에 있는 소설 〈하늘은 맑건만〉과 〈소를 줍다〉 2편을 배우고 나서 소설 내용을 다시 떠올려 보게 하기 위해 '몸 말리는 주사위' 놀이를 해 보았다. 4명씩 아홉 모둠으로 나누어 각각 빈 문제 카드를 20장씩 나누어 주고 각 모둠원마다 5개씩 겹치지 않도록 문제를 내게 했다. 문제는 가급적 설명하기 쉽도록 단어를 중심으로 만들도록 했다. 문제 만들기가 끝나면 문제 카드는 엎어 책상 가운데 올려놓고 모둠장은 팀에 남고 나머지 학생은 다른 모둠에서 문제를 풀고 점수를 획득해 오도록 했다. 우승을 위한 도움말을 알려 주는 척하며 가능한 문제 풀기에 자신이 없는 학생들이 남을 수 있도록 유도했더니 평소에 다소 위축되어 있던 학생들도 놀이에 즐겁게 참여했다.

문제를 내는 데 너무 많은 시간이 소요되지 않도록 10분 이내로 제한시간을 두어 놀이가 원활하게 진행될 수 있게 했다. 문제 카드가 완성된 후에 아이들에게 점수 카드를 들고 다른 모둠으로 이동하도록 했다. 이때 한 모둠에 집중되지 않도록 빈자리를 채우는 방식으로 자리를 옮기도록 했다. 학생들이 자리에 다 앉고 난 뒤에 타이머를 들고 제한시간 5분을 주고 모든 모둠이 동시에 놀이를 시작했다. 단 모둠 이동 시에는 문제를 먼저 출제한 학생이 유리하기 때문에 공정하게 가위바위보로 문제 출제의 우선순위를 정했다. 교사의 "시작!"이라는 외침과 함께 아이들은 주사위를 굴려 설명방식을 결정한 다음, 문제 카드를 집어 들어 자신만 확인하고 그에 맞게 설명을 하며 놀이를 해 나갔다.

그림 실력이 뛰어나 간단한 몇 개의 선만으로도 금세 아이들이 알아보기 쉽게 설명하는 아이, 재미있는 몸동작으로 아이들에게 웃음을 선사하는 아이, 눈치가 빨라 두 단어밖에 내뱉지 않았는데도 금세 정답을 맞혀 아이들을 감탄하게 만드는 아이까지 모든 아이들이 즐겁게 놀이에 참여하는 모습을 지켜볼 수 있었다. 정답을 미리 알고 있는 모둠장들은 더 배꼽을 잡고 웃으며 즐거워했다. 말로만 설명하는 것보다 그림이나 몸동작으로 설명할 때 재미가 배가되었던 것 같고, 정답을 계속 맞히지 못해 답답해하다가도 결국 문제를 풀어냈을 때 서로 감탄하며 성취감을 느끼는 모습도 자주 볼 수 있었다. 모둠별로 겹치는 문제들이 있어서 3회 정도 놀이를 진행하고 원래 모둠으로 돌아가 점수 카드를 모아서 모둠별로 점수를 합산하여 우승팀을 가렸다.

비문학 단원에서 글을 읽기 전에 학생들이 어려워할 만한 단어들을 가지고 미리 문제 카드를 만들어 놀이를 진행해 보았는데 생각보다 학생들이 문제 풀기를 어려워했고 놀이도 즐겁게 진행이 되지 않았다. 그래서 다른 반에서는 내용을 배운 후에 그 어휘에 대해 어

럼풋하게라도 이해를 하고 나서 놀이를 진행했더니 학생들이 문제 풀이에 더 자신감을 가지고 재미있게 참여했다.

동시에 모든 모둠이 각각 놀이를 하는 방법도 있지만 모둠마다 나와서 다른 친구들이 보는 앞에서 설명을 하고 맞히며 전체가 함께 할 수도 있다. 독서토론 동아리에서는 《걸리버 여행기》를 읽고, 책 내용과 관련된 문제를 스케치북에 미리 준비하여 문제를 푸는 모둠 외의 나머지 학생들에게는 답을 보여 주며 진행했더니 학생들이 다 함께 즐거운 분위기에서 놀이를 즐기는 모습을 볼 수 있었다. 문제를 함께 푸는 동안 책에 나왔던 주요 단어를 통해 전체적인 내용을 다시 한 번 떠올릴 수도 있어 좋았다. 아울러 수업 분위기도 밝아져 본격적인 토론을 나누기 전에 아이스 브레이킹을 하는 데도 무척 효과적이었다.

학교축제 때 도서관에서 '몸 말리는 주사위'를 활용해 '몸 말리는 카나페'라는 행사를 진행하기도 했다. 책 제목, 고전 소설, 전래 동화, 걸그룹, 보이그룹 등을 주제로 문제를 내고, 타이머와 카나페 재료를 충분하게 준비해 두었다. 두 명씩 짝을 이루어 문제를 낼 사람과 맞힐 사람을 정해 협력하여 문제를 풀게 하고 함께 맞힌 개수만큼 각각 토핑을 선택하여 카나페를 직접 만들어 먹을 수 있게 했더니 아이들의 반응도 좋고 놀이를 하는 내내 즐거워했다.

'몸 말리는 주사위' 놀이는 표현력이 부족하거나 먼저 나서서 자신의 의사를 나타내는 것을 꺼려하는 친구들에게 놀이를 통해 다른 친구들과 즐겁게 소통할 기회를 주는 효과가 있음을 느낄 수 있었다. 또한 학생들의 다양한 재능을 발견할 수 있게 해 주고, 여러 놀이들 중 학생들이 가장 적극적으로 참여하며 놀이 과정에서 성취감을 느끼게 해 준다는 장점이 있어 많은 선생님들께 권하고 싶다.

정의의 종이배

:

주어진 주제를 비유적으로 표현하고 그렇게 표현한 이유를
맞히는 놀이이다. 책을 읽기 전에 책 제목이나 관련 주제에
대한 생각과 느낌을 비유적으로 표현해 봄으로써 책에 대해
마음을 열 수도 있고, 책을 읽은 후에는 책에 대한 생각을 나
만의 정의로 정리해 보고 친구들과 서로 그 이유를 추측해 보
며 함께 작품에 대한 감상을 나누어 볼 수 있다. 문학적 표현
능력과 감상 능력을 키울 수 있다.

· **활동단계** 읽기 전, 읽기 후

· **인원** 모둠별 4~5명

· **준비물** 정의의 종이배가 인쇄된 A4용지

· **시간** 20분

· **도구**

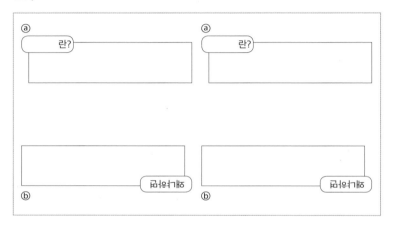

· **방법**

① 사전 활동으로 참여자는 같은 책을 읽는다.

② 책에서 함께 생각해 보고 싶은 단어들을 찾아 '공통 주제어'를 하나 정한다.

③ 모둠원이 각각 그 주제어와 관련된 비유적 표현을 종이 윗부분 ⓐ에 쓰고 아래쪽ⓑ에는 '그렇게 생각한 이유'를 적는다.

   예 ⓐ 책이란 1억짜리 수표이다.

   ⓑ 왜냐하면 평생 볼 수 없을 것 같기 때문이다.

④ 다 쓴 다음 글씨를 쓴 쪽이 안쪽으로 가도록 해서 종이배를 접

는다.

⑤ 종이배가 완성되면 각자 정의 부분 ⓐ만 친구들에게 보이도록 책상에 올려놓는다.

⑥ 한 사람씩 돌아가며 자신이 쓴 정의 ⓐ를 말하고, 나머지 사람들은 그렇게 쓴 이유를 추측하여 대답한다.

⑦ 모둠원이 모두 말하고 나면 문제를 낸 사람은 자신이 생각한 이유를 말해 주고 정답을 이야기하거나 근접한 사람을 알려 준다.

⑧ 문제를 맞힌 사람과 문제를 낸 사람에게 점수를 각각 주고 모둠원의 점수를 합산해 가장 높은 모둠이 이긴다.

· 놀이 사진

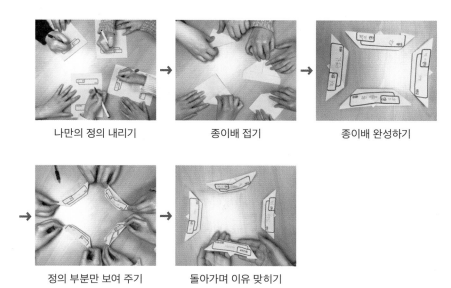

나만의 정의 내리기   종이배 접기   종이배 완성하기

정의 부분만 보여 주기   돌아가며 이유 맞히기

■ 즐거운 놀이를 위한 도움말

① 정의의 예를 들어 주기: 학생들은 비유적 표현 만들기를 어려워
하므로 바로 놀이를 시작하지 말고 반드시 예를 들어 주어야
놀이가 잘 진행된다.
② 점수 계산 주의하기: 문제 낸 사람이 정답을 알려 주며 정답이
나 그에 근접한 대답을 한 사람에게 점수를 준다. 정답자가 많
으면 그만큼 정의가 평이했다는 말이 되므로 낮은 점수를 준다.
대신 정답자가 적을 경우 출제자의 의도를 잘 파악했고 정의도
창의적으로 만들었다고 볼 수 있으므로 높은 점수를 준다. 최
종적으로 점수를 합산하여 우승자를 정한다.
> **예** 한 명만 정답 – 정답자와 출제자 각각 50점, 두 명 정답 – 정답자와 출
> 제자 각각 30점, 3명 이상 정답 – 정답자와 출제자 각각 10점
③ 읽기 전 활동: 책을 읽기 전에는 책 제목을 가지고 자신이 생각
하는 정의를 내려 보게 할 수 있다. 배경지식을 활성화시킬 수
도 있고, 책에서 나올 수 있는 이야기들을 미리 상상해 보고 예
측하는 즐거움도 느낄 수 있다.

■ 활동 사례

봄을 보내다

봄이 유난히 더 짧게 느껴졌다.

꽃의 빈자리가 유난히 더 크게 느껴졌다.

봄을 찾고 싶어
꽃이 보고 싶어

파란 바다에
노란 리본을 띄워
초록 봄을 만들었다.

봄은 돌아왔지만
꽃은 돌아오지 못했다.

그 봄에 피지 못한 꽃들을 위해
오늘도 봄을 접어 보낸다.

이 시는 '문학의 아름다움'이라는 단원을 마무리하며 했던 시 수업에서 중학교 1학년 학생이 쓴 시이다. '정의의 종이배' 놀이를 떠올린 것은 바로 세월호 때문이었다. 도서관에서 세월호를 추모하며 종이배를 접는 행사를 해 보려다가 아이들의 마음을 전할 수 있도록 메시지를 담으면 좋겠다는 생각을 했다. 아이들에게 '세월호'는 어떤 의미일까? 단순한 추모행사로 그치는 것이 아니라 각자 나만의 정의를 내려 보며 우리가 잊지 말아야 할 가치에 대해 생각해 보게 하고 싶었다. 행사의 이름을 지으려다가 '정의의 종이배'를 떠올렸다. 우리가 생각하는 정의(定意, definition)를 담고 있는 배, 정의(正意, justice)를 추구하는 배. '정의의 종이배'는 이렇게 만들어졌다.

우선 아이들에게 자신이 생각하는 '세월호'의 의미에 대해 정의를 내리게 하고 뒤쪽에 그 이유를 적게 한 다음 종이배를 접게 했다. 중학생인데도 종이배를 접을 줄 아는 학생들이 10명 중에 2명도 되지 않아 무척 당황스러웠다. 종이배 접는 순서를 설명하는 설명서와 단계별로 접은 종이를 순서대로 나열해 붙여 놓고 아이들에게 접게 했다. 이 놀이를 하기 위해서는 종이배 접는 법을 반드시 교사가 숙지해야 한다. 다 접고 나서 자신이 쓴 글씨가 예쁘게 보이게 배가 완성되자 아이들은 환호성을 질렀다. 중학생들인데도 종이를 접어 배가 만들어지면 마술이라도 부린 것처럼 신기해했다. 그리고 아이들이 만든 종이배로 도서관 앞에 크게 세월호 리본을 형상화했다. 자신들이 만든 배로 멋진 리본이 완성되자 아이들은 무척 뿌듯해하며 기념촬영을 하고 가기도 했다.

중학교 1학년에 '소개하는 말하기' 단원에 인상 깊은 말하기를 위해 자신의 특징을 비유적으로 표현해 보는 활동이 있다. 이 단원에서 학생들에게 정의의 종이배 양식을 나누어 주고 각자 자신이 생각하는 '나'를 비유적 표현을 사용해 정의해 보고, 그 이유를 쓰게 했다.

먼저 아이들에게 예를 들어 주었다.

"선생님은 진흙이야. 왜 그럴까?"

아이들의 대답이 쏟아졌다.

"더러워서요.", "푹 빠져들어서요.", "한 번 묻으면 잘 안 떨어져서요."

　　　　　　　　　　　4부 의사 소통 역량

아이들의 여러 대답에 반응을 해 준 다음 이렇게 '나'와 '진흙'의 공통점을 잘 생각하면 멋진 비유를 만들 수 있다는 설명을 하고 나니 아이들도 어렵지 않게 정의를 써 내려갔다.

아이들이 정의를 다 쓰고 난 다음 글씨를 쓴 쪽이 안으로 들어가도록 종이배를 접게 했다. 완성된 배를 정의가 있는 쪽이 위로 올라가도록 책상에 기울여 세워서 모둠원들이 서로 정의만 볼 수 있게 안내했다. 그런 다음 모둠원들끼리 돌아가며 '왜냐하면 ~ 때문이다.'에 들어갈 이유를 추측해 맞혀 보게 했다. 각각의 차례마다 모든 모둠원들의 말을 다 들은 뒤 정답을 공개하고 가장 근접한 내용을 정답으로 인정해 주었다. 그리고 맞힌 인원수에 따라 점수를 달리 주도록 했다. 모든 모둠원들이 돌아가며 다 문제를 내고 맞힌 다음 점수를 합산해 승부를 가렸다. 놀이가 끝난 다음 남학생들의 종이배만 모두 걷어서 앞에다 전시해 두고 여학생들에게 마음에 드는 정의가 적힌 배를 고를 수 있는 선택권을 주었다. 그리고 종이배 짝이 된 친구들끼리 서로 인터뷰를 해서 다음 시간에 친구를 소개하는 말하기 수업을 진행했다.

독서토론 동아리 수업에서는 《기억 전달자》라는 소설을 모두 함께 읽고 토론을 한 다음 수업의 마무리에 활용을 해 보았다 . '조너스는 ~다.', '늘 같은 상태란 ~다.', '이 마을은 ~다.', '유토피아란 ~다.' 등 각 모둠별로 모둠의 인원수만큼 다른 주제어를 주고 한 개씩 선택하여 정의를 내리게 하고 아이들에게 그 이유를 맞히게 했다. 이렇게 해 보니 문제를 내고 맞히는 과정에서 소설 전체를 다시 상기해 보게 되기도 하고, 책 내용에 대한 자신의 생각이나 입장을 서로 정리하며 책에 대한 감상을 자연스럽게 공유하는 시간을 가질 수 있어 좋았다.

혹은 책 제목만 가지고 내용을 짐작해 보게 할 수도 있다. 이때에는 굳이 비유적 표현을 사용하게 하지 말고, 자신이 상상하는 내용을 쓰고 그렇게 생각한 이유를 적어 보게 하는 것도 좋다. '정의의 종이배' 놀이를 통해 학생들이 더 이상 가만히 있지 않고, 세상의 모든 일들에 대해 자기만의 정의를 내리며 자신이 생각하는 정의를 실현할 줄 아는 사람으로 커 가기를 바란다.

기호 다섯 고개

:

'콘셉트'라는 보드게임을 활용해 주어진 단서를 바탕으로 해당하는 단어를 맞히는 놀이이다. 책과 관련된 단어를 그림 기호 5개로 표현하는 과정에서 사고의 유연성을 기를 수 있고, 제시된 단서를 통해 정답을 맞히는 활동을 통해 추론 능력과 문제 해결 능력을 키울 수 있다.

- **활동단계** 읽기 전, 읽기 후
- **인원** 모둠별 4~5명
- **준비물** 기호판(콘셉트), 빈 카드(문제 출제용), 말 5개, A4용지(인원수
  만큼), 타이머
- **시간** 20분
- **도구** (콘셉트 놀이판)

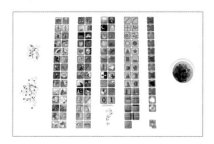

- **방법**

① 사전 활동으로 참여자는 같은 책을 읽는다.

② 모둠별로 문제를 만들 수 있게 20~30장 정도의 빈 카드를 나
  누어 준다.

③ 모둠원 각자 4~5장씩 빈 카드에 책과 관련된 문제를 출제하여
  문제 카드를 만든다.

④ 다른 모둠의 문제 카드와 자기 모둠의 문제 카드를 바꿔 책상
  가운데에 엎어 놓는다.

⑤ 문제를 내는 사람은 문제 카드를 뒤집어 문제를 확인한다. 이때
  문제 카드는 자신만 보도록 한다.

⑥ 시작 신호와 동시에 문제를 내는 사람은 말 5개를 활용해 문제

카드에 쓰여 있는 단어와 관련된 기호 옆에 각각 한 개씩 두면서 관련된 설명을 한다.

예 동물, 황토색, 음식, 큰 눈, 원뿔

⑦ 설명이 끝나면 나머지 모둠원들은 모두 빈 종이에 설명에 해당하는 답을 쓴다.

⑧ 문제를 낸 사람은 하나, 둘, 셋을 외쳐 나머지 사람들이 동시에 답을 들 수 있게 하고 정답을 확인해 준다.

⑨ 문제를 맞힌 사람과 문제를 낸 사람에게 점수를 각각 주고 문제를 다 풀거나 제한시간이 끝나면 모둠원의 점수를 합산해 가장 높은 사람이 이긴다.

(문제를 맞힌 사람 - 1점, 문제를 낸 사람 - 맞힌 인원수만큼 점수)

· 놀이 사진

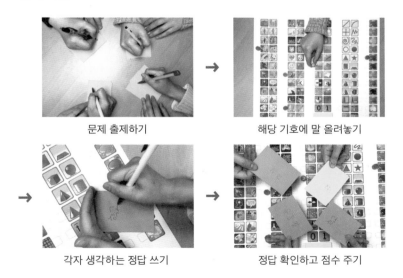

문제 출제하기   해당 기호에 말 올려놓기

각자 생각하는 정답 쓰기   정답 확인하고 점수 주기

■ 즐거운 놀이를 위한 도움말

① 점수 계산 주의하기: 단어를 설명할 때 제한된 기호에 의존해야 하기 때문에 설명이 쉽지 않다. 문제를 맞힌 사람이 많았다는 것은 그만큼 설명을 잘했다는 말이 된다. 정답을 맞힌 사람은 1점이고 문제를 낸 사람은 맞힌 인원수만큼의 점수를 받는다. 예를 들어 2명이 정답을 맞히면 2점이다.

② 읽기 전 활동: 도서관에서는 책 제목으로 미리 문제를 준비해 학생들에게 책 제목을 맞히게 하여 책에 대한 관심을 끌게 할 수도 있다. 신간도서 전시를 통해 학생들이 책 제목을 익히고 문제로 출제하는 것도 방법이다.

■ 활동 사례

어떤 대상을 설명할 때 '예시'나 '비교', '대조'와 같은 다양한 설명 방법을 사용하게 되면 간결하면서도 효과적으로 대상을 잘 드러낼 수 있다. '여러 가지 설명 방법' 단원의 수업 준비를 하다가 학생들에게 설명 방법 알려 주는 데 이 놀이를 사용하면 좋겠다는 생각을 했다. 왜냐하면 아이들이 기호로 힌트를 주다 보면 그 단어의 속성을 분석해 여러 정보를 기호로 나열할 테고, 다른 대상과 비교나 대조하는 방법을 사용하거나 예를 들어 설명하면서 자연스럽게 놀이 과정에서 여러 가지 설명방법을 익힐 수 있겠다 싶었기 때문이다. 보드게임 '콘셉트'를 활용하되 수업 시간이라는 상황을 고려해서 규칙을 좀 더 간단하게 하고, 문제는 수업 중 배운 내용으로 내도록 했다. 이전 단원에서 〈소를 줍다〉라는 소설을 배웠는데 그 내용을 중심으로 모둠별로 문제 카드를 만들게 하고 다른 모둠과 교환하여 문제를 풀도록 했다. 설명을 잘할수록 높은 점수를 낼 수 있어 먼저 설명하는 친구가 유리하므로 가위바위보를 통해 우선순위를 정하게 했다.

모든 모둠이 동시에 시작할 수 있게 한 다음, 문제를 내는 사람은 장구자석 5개를 말처럼 이용해 문제 카드를 설명하게 했다.

"만약 '소'를 출제하기로 결정했다면 '소'를 어떤 방식으로 표현해야 할까요? 자석을 동물, 황토색, 음식, 큰 눈, 원뿔 등에 올려놓았다고 합시다. 동물이고 황토색이고 큰 눈을 가졌으며 음식(식량)으로 사용되기도 하고, 몸에 원뿔 모양의 물건이 있는 것이라고 설명하고 있네요. 물론, 더 다양하고 재미있는 표현도 얼마든지 가능합니다."

설명을 마친 후 말을 그 단어를 연상하게 할 수 있는 5개의 기호 한 개씩 옆에 놓으며 간단한 단어 설명으로 힌트를 주고 나머지 모둠원이 동시에 답을 쓰게 했다. 문제를 낸 사람은 하나, 둘, 셋을 외친 후 동시에 정답을 공개하고 맞힌 사람에게 1점씩을 주고 맞힌 사람의 수만큼 자신이 점수를 갖는다. 그 사람 차례가 끝나면 다음 사람이 같은 방식으로 진행한다. 그리고 모둠마다 문제 푸는 속도가 다르므로 모둠별로 문제 카드가 다 없어질 때까지 진행했다.

모둠 내에서 순위를 가리지 않고 모둠별 대항 방식으로 진행하려면 시간제한을 두고 놀이를 하면 된다. 그런 다음 모둠별로 각자 모은 점수를 합산해 총점이 높은 모둠이 우승하게 하면 모둠별로 협동심을 길러 줄 수 있다. 이 단원 수업에서는 시간이 충분하지 않아 모둠 이동 없이 진행했다. 이후에 모둠별 우승자를 앞으로 나오게 해서 가장 자신 있는 단어 설명을 하게 한 다음 다른 모둠에서 힌트를 듣고 정답을 맞히도록 해 보았다. 이렇게 진행하니 학급 전체가 내용을 함께 공유하며 즐겁게 놀이를 마무리할 수 있었다.

방과 후 독서토론 수업에서는 《거북이는 왜 달리기 경주를 했을까》라는 사회과학 책을 읽고, 토론 전에 아이스 브레이킹(ice-breaking)을 위해 이 놀이를 해 보았다. 책이 두껍기 때문에 아이들에게 미리 너무 세부적인 단어를 문제로 내기보다 책 속에 나오는 단어 중 중심 소재가 될 만한 주요 단어나 작가가 전하고자 한 중심 생각과 관련된 단어를 낼 수 있도록 했다. 수업 시간에 다루는 소설들은 교과서에 실린 단편소설들밖에 없어서 주로 구체적 사물이나 대상이 주로 정답이 되었는데 긴 책으로 하다 보니 정의, 평등, 진화론, 성선설처럼 추상적인 단어들도 문제로 출제되었다. 몇몇 단어는 맞히는 데 어려움을 겪기는 했지만 의외로 어려운 단어까지도 잘 맞히는 모습을 볼 수 있었다.

이전 토론 수업에서는 토론 전에 책에 대한 리뷰를 주로 교사의 설명이나 독서 골든벨 등으로 진행했다. 그런데 '기호 다섯 고개' 놀이로 수업을 시작하니 문제를 내고 맞히는 과정에서 책 내용을 자연스럽게 학생들끼리 정리하는 모습을 보였다. 학생들은 문제를 내기 위해 다시 한 번 책을 훑어보았고 그러면서 자연스럽게 책 내용을 다시 떠올릴 수 있었다. 친구의 설명을 듣고 추론하는 과정에서 정답을 맞히기 위해 책 내용까지 같이 떠올리다 보니 주입식 설명보다 더 효과적으로 책에 대한 이해가 이루어지는 듯했다.

이렇게 다섯 개의 힌트를 모두 사용하는 방식이 아니라 스무고개처럼 각 힌트 단계마다 점수를 다르게 부여할 수도 있다. 예를 들어 첫 기호 설명에서 맞히면 50점, 두 번째는 40점, 마지막까지 힌트를 다 사용하면 10점을 주는 것이다. 이런 방식을 사용하면 아이들에게 좀 더 적은 힌트를 사용해 맞히려는 도전의식이 생겨 추론 활동이 보다 활발하게 이루어지게 된다. 독서토론을 지도하면서 드는 생각은 '함께 읽기'가 답이라는 것이다. 학생들이 교사의 지도가 없어도 함께 책을 읽고 소통할 수 있는 여러 가지 방법들이 연구되기를 바란다. '기호 다섯 고개'처럼 학생들끼리도 함께 즐거운 분위기에서 책 이야기를 자연스럽게 꺼낼 수 있는 도구를 많이 만들어 준다면 아이들도 더 이상 친구들과 책을 통해 만나는 것을 낯간지러운 일로만 여기지 않을 것이다. 아이들에게 책 읽기가 즐거운 놀이가 될 수 있을 때까지 그들 옆에서 책 친구가 되어 주고 싶다.

손가락으로 통해요

:
:

단어나 구절을 가지고 친구의 신체 일부분에 손가락 글씨를
써서 이어 가는 놀이이다. 주로 책을 읽은 후, 내용 확인을 위
해 핵심 단어나 주요 사건을 게임 문제로 사용할 수 있다. 경
우에 따라서는 읽기 전 활동으로 제목이나 작가, 주요 소재
등 간단한 정보를 제공하여 책에 대한 호기심을 가질 수 있게
유도할 수도 있다. 책을 시각이나 청각이 아닌 촉각으로도 느
껴 볼 수 있다는 점에서 색다르다.

- **활동단계** 읽기 전, 읽기 후
- **인원** 모둠당 4-5명
- **준비물** 문제 카드 모둠별 10장
- **시간** 10분
- **도구** 없음
- **방법**

① 같은 방향으로 한 모둠이 일렬로 앉는다.

② 맨 뒤의 학생에게 카드를 보여 준다.

③ 카드를 본 학생은 앞 친구의 등에 손가락으로 정답을 적는다. 단, 말은 할 수 없다.

④ 앞의 학생은 자신이 이해한 대로 자신의 앞 친구의 등에 똑같이 낱말을 적는다. 전달이 잘 안 된 것 같다면 시간 내에서 여러 번 반복해서 써도 된다.

⑤ 맨 앞까지 전달되면 맨 앞 친구는 손을 들고 정답을 외친다.

⑥ 한 번 끝나고 나면 같은 방법으로 준비한 카드가 다 없어질 때까지 게임을 진행하며, 가장 많은 정답을 맞힌 모둠이 이긴다.

■ 즐거운 놀이를 위한 도움말

① 연령에 따른 게임 규칙 고려하기: 초등학교 중고학년 이상이거나 남녀공학의 경우에는 신체를 이용한 놀이이기 때문에 다소 민감한 상황이 생길 수 있다. 따라서 등이 아니라 모두 눈을 감게 하고 손바닥에 적도록 한다.

② 스스로 문제 만들어 보기: 교사가 문제를 미리 준비할 수도 있
　　지만 빈 카드만 마련해 주고 아이들끼리 상대 모둠의 문제를 낼
　　수 있게 하면 더욱 재미있다.
③ 외치지 말고 쓰기: 전체 모둠이 동일한 단어들로 게임을 진행
　　한다면 맨 끝에 정답을 말하는 사람이 답을 말하기 대신 종이
　　에 써서 모두 모은 다음 한 번에 확인할 수 있다.

■ 활동 사례

　책놀이를 시도할 때 규칙을 설명하는 것에 치중하게 되면 아이들
이 흥미를 잃어버릴 수 있다. 그래서 놀이의 일부분을 빌려와 슬쩍
보여 주기부터 하는 것이 효과적일 때가 많은데 바로 '손가락으로 통
해요'가 그런 경우였다. 수업이 시작되자마자 아무 이야기도 하지 않
은 채, 슬쩍 책상 사이를 지나다니면서 여섯 명의 아이들 등에 '연필'
이라는 단어의 자음과 모음을 쪼개 써 줬다. 아이들은 교사가 무엇
을 하는지 궁금해하면서 글자가 등에 적힌 아이들에게 질문을 했다.
어떤 아이들은 의도를 모르다 보니 쉽고 간단한 글자임에도 전혀 알
아채지 못했지만 쉽게 대답하는 아이들도 있었다. 내가 쓰려던 단어
가 정확히 무엇이었는지, 오늘 하게 될 놀이 이름이 '손가락으로 통
해요'라는 것을 알고 나서야 어떤 식으로 진행될지 예측과 동시에 기
대감을 표현했다.
　첫 수업 때 읽기 전 활동에 적용해 보았다. 작가의 이름, 책 제목
중에 한 단어를 골라서 아이들에게 전달하도록 했다. 동일한 문제로

어떤 모둠이 먼저 정답을 외치는지 경쟁하도록 유도했다. 읽기 전 활동에 적용한 이유는 조금 시간이 더 걸리더라도 어떻게 쓰면 친구가 더 잘 느낄 수 있는지 연습할 기회를 주고 싶었다. 감각 중 어느 하나를 통제한 채 오로지 친구의 손가락에만 의존해야 하는 것은 생각보다 힘든 일이기 때문이다. 이 도전을 통해서 아이들은 책과 관련된 정보들을 어렵게나마 얻게 되고 이 정보가 책에 대한 호기심으로 이어질 것을 바랐다.

다른 수업 시간에는 활동 중 하나로 도입해 보았다. 초등학교 4학년 수준에 맞게 모둠별 단어를 3개씩 2분 동안 할 수 있도록 변형을 했다. 글자를 정자로 쓰지 않거나 한 글자씩 인식을 하지 못하는 경우에는 중간부터 아예 답과 멀어졌다. 여학생, 남학생이 섞여 있는 초등 교실이라서 등에 쓰는 것을 조금 민감하게 생각할까 염려하여 손바닥에 적게 했는데 아이들 손이 작다 보니 인식하는 것을 힘들어한 아이들이 많았다.

재미있어하는 아이들에게 용기를 얻어서 변형 놀이를 제안했다. 옆 모둠이 맞혀야 할 문제를 직접 낼 수 있도록 해 봤다. 글자 수는 다섯 글자를 넘지 않도록 하고 글 안에 있던 단어, 표현에서 고르도록 조건을 만들었다. 익숙하지 않은 글자 때문에 고생할 것을 대비해 텍스트를 한 번 더 읽어 볼 수 있도록 안내했다. 이 과정에서 처음 읽을 때에는 예사롭게 넘겼지만 실제로 정확한 의미를 모르던 단어에 대해서 묻는 학생도 있었고 내용을 정확하게 재확인할 수도 있었다. 역시나 서로 낸 문제를 맞히는 과정을 더 재미있어했다.

마지막으로는 전체 게임으로 적용해 보았다. 교사 1인과 학생 다

수의 대결이었는데 약 10음절 내외로 정리한 중심 내용이나 주요 표현을 두어 음절씩 나누어서 각 모둠에 전달하고 모둠 전체의 정답이 모여야만 정답을 이야기할 수 있게 했더니 이 역시 반응이 좋았다. 중고등학생과는 달리 초등학생 수준에서는 한 번에 아주 긴 음절을 풀기 힘들다는 것이 아쉬운 점이었는데 이를 해결할 수도 있는 좋은 조건 변화였다.

당연하지! 게임

:
.

글을 읽고 등장인물이 되어 상대방에게 감정을 묻고 답하는
놀이이다. 몇 년 전 예능 프로그램 내용으로 유행했던 '당연
하지!'를 책놀이에 적용한 것이다. 질문을 던지기 위해서는
책 내용을 잘 이해하고 있어야 하고 특히 인물의 심경이나 성
격을 잘 알아야 한다.

- 활동단계 읽기 후
- 인원 모둠별 2명 이상
- 준비물 없음
- 시간 5분
- 도구 없음
- 방법

① 가위바위보를 해서 이긴 사람이 자신이 원하는 인물을 한 명
   선택한다.

② 이긴 사람부터 자신이 선택한 인물의 입장에서 '내가 어찌(어
   떤 행동을)해서 어쩌(어떤 마음)했지?'의 형태로 상대에게 질문을
   한다.

   예 나무꾼: "내가 날개옷 숨겨서 당황했지?"

③ 진 사람은 그 말이 맞으면 '당연하지!'라고 말한다.

④ ③에서 대답했던 사람이 다음 질문자가 된다. '내가 어찌(어떤 행
   동)해서 어쩌(어떤 마음)했지?'의 형태로 상대에게 질문을 한다.

   예 선녀: "내가 애들 데리고 도망가서 당황했지?"

⑤ 그 말이 맞으면 상대방은 '당연하지!'라고 외친다.

⑥ 같은 방식으로 계속 이어 나가다가 말이 막히거나 공감을 받지
   못한 사람이 지고 끝까지 남는 사람이 이긴다.

■ 즐거운 놀이를 위한 도움말

① 다양하게 놀이 인원 구성해 보기: 1:1 말고도 등장인물의 숫자

에 따라 인물별 조합 경우의 수가 늘어나게 진행할 수도 있다. 글 속의 인물의 수가 적을 경우 여러 명이 돌아가면서 혹은 연합하여 한 인물의 입장을 대변할 수 있다.

② 조건 걸기: 질문 시간제한을 두거나 책을 참고하지 못하게 하는 등 조건을 부여하면 더욱 재미있다.

③ 질문 규칙 범위 안내하기: 질문이 이야기 틀에서 벗어나거나 필요 이상으로 감정적인 질문이 나오지 않도록 사전 지도가 필요하다.

■ 활동 사례

당연하지 게임을 준비할 때 두 가지 정도 고민을 하게 만든 것이 있었다.

첫째, '어떤 이야기를 활용할 것인가?'였다. 교과서 내에 소개된 짧은 이야기들은 한 차시 이내에서 이해할 수 있다는 장점이 있지만 인물의 수가 한정되어 있다. 따라서 질문 역시 한계가 있을 것이라고 판단하고 인물이 다양하게 등장하는 장편 동화 중 황선미 작가의 《일기 감추는 날》이라는 작품을 한 권 골라 미리 충분히 내용을 익힐 수 있게 사전 안내하였다.

둘째, '아이들에게 게임의 규칙을 어떻게 안내할 것인가?'였다. 예시로 보여 줄 실제 게임 영상 자료들은 대부분 상대에게 치명타가 될 질문을 던져 '당연하지!'라는 대답이 힘들게 유도하는 방식이라 다소 비교육적이라고 생각했다. 규칙을 설명하면서 '질문이 이야기 전체에서 크게 벗어나지 않도록 해요.', '상대방의 마음을 다치게 하는 질문은 하지 말아요.' 등 맥락에 맞지 않는 질문이나 감정적인 질문들을 배제할 수 있도록 안내했다.

규칙을 안내한 후, 모두가 잘 알고 있으며 짧지만 다양한 인물들이 등장하는 쉬운 이야기인 〈백설 공주〉를 골라 시범게임을 했다. 게임을 진행하다 보니 아이들은 백설 공주, 왕비(마녀), 난쟁이, 왕자, 사냥꾼 등 사람 외에도 거울이나 사과처럼 무생물에게도 감정을 이입하여 아주 다양한 경우의 수를 스스로 만들어 내기도 했다. 예를 들면 왕비에게 거울이,

"너 나 좋아했지? 그래서 백설 공주가 가장 예쁘다고 했을 때 화가 많이 난 것이지?"라고 물으니 왕비를 맡은 친구는 부끄러워하면서 '당연하지'를 외치지 못했고 아이들은 덩달아 신나서 게임에 더 관심을 갖는 분위기가 형성됐다. 아이들이 하는 것을 지켜보니 앞서 설명한 나의 첫 번째 고민이 기우였구나 하는 생각이 들었다. 당연하지 게임은 내용이 짧거나 인물의 수가 적어도 가능한 것이었다.

시범 놀이 후에 본격적인 놀이에 들어갔다. 처음은 짝 활동으로 시작하다가 이를 모둠 대항으로 확장했다. 단둘이서 할 때는 대부분 대립 관계이거나 친밀한 관계에 있는 등장인물을 골랐고 이것이 모둠 활동으로 넘어가 모둠별 대항 상황이 되니 크게 연관성이 없는 인물 관계에서도 질문을 만들어 내는 것이 나름 신기하게 느껴졌다.

게임을 마치고 아이들에게 다음과 같은 질문을 던졌다.

"이 게임을 왜 했을까? 선생님이 이 게임을 왜 하자고 했을지 생각해 볼까?"

"공격을 하려고 할 때, 이야기를 다시 잘 떠올리지 못하면 생각이 잘 나지 않았어요."

"질문을 이해를 잘 못했는데 친구들이 책 내용 어디인지 가르쳐 줘서 기억났어요."

"친구가 맡은 인물 생각을 더 잘 알고 있으면 유리한 것 같아요."

아이들로부터 다양한 대답이 나왔다. 대부분의 아이들은 질문이 서너 개쯤 쌓이고부터는 너나 할 것 없이 책 구석구석을 다시 헤집어 보는 과정을 거칠 수밖에 없다. 또한 상대의 질문이 게임의 규칙 안에서 나올 수 있는 것인지 서로가 서로의 이야기를 잘 들어 보고 점검하는 과정을 통해 생각이 보다 정교해진다.

당연하지 게임은 인물의 감정이나 생각을 자기 나름대로 해석하며 이야기의 주요 요소 중 하나인 '인물'에 대해 다시 한 번 더 생각해 볼 기회를 제공한다. 또 책을 읽고 줄거리를 정리하거나 나의 감상을 따로 떠올리는 독후 활동 대신으로도 매우 적합하다고 생각한다. 심지어 설령 책을 충분히 못 읽어 온 학생이라고 할지라도, 이야기를 전부 다 이해하지 못한 학생일지라도 게임에 참여하면서 자연스럽게 내용을 파악할 수 있다는 점에서 매우 유용한 놀이라고 할 수 있다.

5부

공동체역량

지역, 국가, 세계 공동체의 구성원에게 요구되는 가치와
태도를 가지고 공동체 발전에 적극적으로 참여하는 능력

KDC 젠가

KDC 다빈치코드

도서관표 할리갈리

북딩고

책벌레

그 책을 알고 싶다

최고의 책

도빙고 - 도서관 빙고게임

1318 책벌레들의 도서관 추적놀이

KDC 젠가

:

젠가는 '쌓다, 짓다, 건설하다' 등을 뜻하는 스와힐리어로, 나무 블록 톱의 맨 위층 블록을 제외한 나머지 층의 블록을 하나씩 빼서 다시 맨 위층에 쌓아 올리는 게임이다. KDC(한국십진분류법) 주제 번호를 측면에 붙인 젠가 블록과 KDC 주제 카드를 이용해 뺄 블록을 정하며 놀이를 진행한다. 도서관에서 책을 찾을 때 자주 사용되는 KDC 주제를 익히는 데 유용하다.

- **활동단계** 읽기 전
- **인원** 모둠별 4~8명
- **준비물** KDC(한국십진분류법) 주제 번호를 측면에 붙인 젠가 나무
블록, KDC 10구분 카드
- **시간** 15분
- **도구**

젠가 블록 부착용 'KDC 주제'를 스티커 용지에 출력해 젠가 블록
에 부착한다.

KDC 주제 카드는 쉽게 구겨지지 않도록 240g A4용지에 출력해서
잘라 사용할 수 있다. 이때 KDC 주제의 글자색은 학교도서관에서
사용하는 고유 색상으로 표현한다.

000 총류	000 총류	000 총류	000 총류	000 총류	000 총류	000 총류	000 총류	000 총류	000 총류	KDC
100 철학	100 철학	100 철학	100 철학	100 철학	100 철학	100 철학	100 철학	100 철학	100 철학	KDC
200 종교	200 종교	200 종교	200 종교	200 종교	200 종교	200 종교	200 종교	200 종교	200 종교	KDC
300 사회과학	300 사회과학	300 사회과학	300 사회과학	300 사회과학	300 사회과학	300 사회과학	300 사회과학	300 사회과학	300 사회과학	KDC
400 자연과학	400 자연과학	400 자연과학	400 자연과학	400 자연과학	400 자연과학	400 자연과학	400 자연과학	400 자연과학	400 자연과학	KDC
500 기술과학	500 기술과학	500 기술과학	500 기술과학	500 기술과학	500 기술과학	500 기술과학	500 기술과학	500 기술과학	500 기술과학	Korean Decimal Classification
600 예술	600 예술	600 예술	600 예술	600 예술	600 예술	600 예술	600 예술	600 예술	600 예술	Korean Decimal Classification
700 언어	700 언어	700 언어	700 언어	700 언어	700 언어	700 언어	700 언어	700 언어	700 언어	Korean Decimal Classification
800 문학	800 문학	800 문학	800 문학	800 문학	800 문학	800 문학	800 문학	800 문학	800 문학	Korean Decimal Classification
900 역사	900 역사	900 역사	900 역사	900 역사	900 역사	900 역사	900 역사	900 역사	900 역사	Korean Decimal Classification

000 총류	100 철학	200 종교	300 사회과학	400 자연과학
010 도서관, 서지학	110 형이상학	210 비교종교학	310 통계학	410 수학
020 문헌정보학	120 인식, 인과, 인간	220 불교	320 경제학	420 물리학
030 백과사전	130 철학의 체계	230 기독교	330 사회학, 사회문제	430 화학
040 강연, 수필, 연설	140 경학	240 도교	340 정치학	440 천문학
050 일반 연속간행물	150 동양철학, 사상	250 천도교	350 행정학	450 지학
060 학회, 단체, 협회	160 서양철학	260	360 법학	460 광물학
070 신문, 저널리즘	170 논리학	270 힌두교, 브라만교	370 교육학	470 생명과학
080 일반전집, 총서	180 심리학	280 이슬람교(회교)	380 풍속, 민속학	480 식물학
090 향토자료	190 윤리학, 도덕철학	290 기타 제종교	390 국방, 군사학	490 동물학

500 기술과학	600 예술	700 언어	800 문학	900 역사
510 의학	610 건축술	710 한국어	810 한국문학	910 아시아
520 농업, 농학	620 조각, 조형미술	720 중국어	820 중국문학	920 유럽
530 공학, 공학일반	630 공예, 장식미술	730 일본어	830 일본문학	930 아프리카
540 건축공학	640 서예	740 영어	840 영미문학	940 북아메리카
550 기계공학	650 회화, 도화	750 독일어	850 독일문학	950 남아메리카
560 전기, 전자공학	660 사진예술	760 프랑스어	860 프랑스문학	960 오세아니아
570 화학공학	670 음악	770 스페인어	870 스페인문학	970 양극지방
580 제조업	680 공연예술	780 이탈리아어	880 이탈리아문학	980 지리
590 생활과학	690 오락, 스포츠	790 기타 제어	890 기타 문학	990 전기

KDC 주제 카드

• 방법

① 젠가 나무 블록 3개를 나란히 놓고, 그 위에 직각으로 교차해서 다시 3개의 나무 블록을 쌓는다. 이렇게 18층까지 총 54개의 블록을 서로 엇갈려 쌓는다.

② KDC 카드에서 카드 한 장을 뽑는다.

③ 맨 위층의 블록을 제외한 나머지 51개 블록 가운데에서 KDC 카드와 일치하는 주제의 블록을 빼서 다시 맨 위층에 쌓는다. 블록을 빼고 쌓을 때는 반드시 한 손만 사용해야 한다.

④ ③의 방법으로 순서대로 돌아가면서 블록을 빼고 쌓는 일을 계속하다가, 어느 한 사람이 탑을 무너뜨리면 놀이가 끝난다.

• 놀이 사진

| 젠가 쌓기 | KDC 카드 뽑기 | 해당 블록 뽑아 위에 쌓기 |

■ 즐거운 놀이를 위한 도움말

① 서가에서 책 찾아오기: 도서관과 책을 이용하기 위한 KDC이므로 KDC 카드를 뽑은 후, 젠가 블록을 뽑아 쌓고 해당 주제 서가에 가서 주제 관련 책을 골라 온다. 1분 정도 짧은 시간에 훑어 읽기를 하고 그 책을 뽑아 온 이유나 책 소개를 하는 방법 등으로 놀이의 깊이를 더할 수 있다.

② 놀이의 승자를 다양하게: 일정하게 놀이 시간을 정해 주고 가장 높게 쌓은 모둠, 각 주제를 고루 쌓아 올린 모둠, 책을 가장 많이 뽑아 온 모둠, 골라 온 책 중에서 가장 긴 책 이름을 갖고 있는 모둠, 가져온 책을 가장 잘 소개한 모둠 등 여러 가지 방법으로 모둠별 겨루기를 할 수도 있고, 학생들의 의견을 모아 다양한 규칙이나 벌칙을 추가하는 것도 가능하다.

③ 읽기 후 활동에 적용하기: 도서관 이용교육에서는 KDC 주제로 내용을 정해 읽기 전 활동으로 놀이를 진행했지만 '책을 읽고

난 후 책 속 내용' 또는 '교과 수업 중 중요하게 암기해야 할 내용'으로 스티커를 만들어 젠가 블록에 부착하고 카드를 만들어 놀이를 진행할 수 있다.

■ 활동 사례

학년 초 신입생을 위한 도서관 이용교육 시간과 학교축제에 'KDC(한국십진분류법) 젠가' 놀이를 한다. 책에 대한 관심이 적은 학생들을 모아 도서관 이용교육을 하는 것이 쉽지는 않다. 도서관의 위치와 이용 방법을 알려 주는 것만으로는 어딘가 부족하다. 학생들이 책을 매력적으로 느낄 수 있게 교육해야 한다. 'KDC 젠가' 놀이는 학생들이 자신의 관심분야에 대해 한 번 더 생각하고, 관련 책을 한 번이라도 접할 수 있는 기회를 만들어 준다.

도서관 이용교육을 해 보면 도서관을 처음 찾는 학생부터 도서관 이용을 능숙하게 하는 학생까지 다양하다. 'KDC 젠가' 놀이 이전에 KDC(한국십진분류법) 주제 번호를 보여 주고 자신이 가장 관심 있는 주제가 무엇인지 확인하게 한다. 시간이 된다면 도서관 서가 사이를 돌아다니며 관심 주제와 관련된 책을 찾아오게 할 수도 있다.

도서관 이용교육을 마칠 즈음에 이 놀이를 했다. 주로 혼자 즐기는 컴퓨터 게임과 달리 서로가 직접 대면하여 일정한 규칙에 따라 놀이를 진행하기 때문에 색다른 맛이 난다. 모둠 안에서 서로 협력하고 집중해야만 빠른 시간 안에 블록을 쌓을 수 있다. 'KDC 젠가' 놀이를 친구들과 함께하며 KDC 카드와 나무블록을 반복해서 보며 다양한 주제와 그 번호를 익히게 된다. 수업 가장 마지막에는 주제가 잘 드러나는 책을 보여 주고 KDC 번호와 주제를 맞히는 놀이도 했다.

학생들은 활달하게 움직이는 놀이를 좋아한다. 의자에서 일어나 돌아다닐 수 있으면 더 좋아한다. 그래서 젠가 놀이 중 책을 찾아오게 하면 더 좋아했다. 단, 시간이 오래 걸릴 수도 있기 때문에 1~2분 정도로 제한시간을 주는 것이 좋다.

각 교과의 수업에서 반드시 외우거나 기억해야 하는 내용이 있다면 젠가 블록을 이용해 놀면서 암기할 수 있도록 제작해 보는 것도 좋겠다.

KDC 다빈치코드

상대방의 암호를 먼저 알아내는 사람이 이기는 놀이이다. 동명의 소설, 영화의 제목을 배경으로 한 보드게임 '다빈치코드'를 바탕으로 만들어졌다. 놀이에서 이기려면 상대방보다 먼저 암호를 풀어야 하는데 속임수가 오가면서 심리전이 벌어지며 약간의 운이 재미를 좌우하기도 한다. 기존의 타일에 있는 숫자를 KDC(한국십진분류법) 주제 번호로 만들어 놀이를 진행한다. 도서관에서 책을 찾을 때 유용한 KDC 주제를 반복해 보면서 익힐 수 있다.

- **활동단계** 읽기 전
- **인원** 모둠별 4명
- **준비물** 다빈치코드 타일 22~26개
- **시간** 10~15분
- **도구**

다빈치코드 타일에 'KDC 주제' 10구분을 부착한다. 남는 타일에는 순서가 있는 임의의 그림을 넣어도 좋다.

예 좌청룡(左靑龍), 우백호(右白虎)

000 총류	100 철학	**200 종교**	300 사회과학	**400 자연과학**	조커타일
500 기술과학	600 예술	700 언어	**800 문학**	900 역사	

- **방법**

① 타일 전체를 엎어 놓고 잘 섞어 각자 타일 4개씩 무작위로 갖고, 나머지는 가운데 더미로 모아 둔다.

② 자신의 암호를 끝까지 지켜야 이기는 게임으로 타일 4개는 상대에게 안 보이도록 한다. 왼쪽에 가장 작은 수를 오른쪽으로 갈수록 큰 수를 놓는다. 숫자가 같을 때는 검정 타일을 먼저 배열한다. 조커는 아무 곳에나 놓을 수 있다.

③ 자신의 차례가 되면 가운데 더미에서 타일 하나를 가져와 추가 배열한다. 자신의 타일을 보며 상대의 타일을 추측해 본다. 예

를 들어 상대 3명 중 한 명에게 "왼쪽에서 3번째 흰색타일 00 맞지?" 묻고, 맞으면 타일 번호를 들킨 상대는 타일을 숫자가 보이도록 눕힌다. 추리가 틀렸다면 틀린 추리를 말한 사람은 방금 가져왔던 타일을 눕혀 자신의 암호를 공개한다.

④ 추리가 맞으면 계속 추리를 할 기회를 갖거나 다음 사람에게 차례를 넘긴다. 추리를 계속하다가도 틀리면 자신이 가져온 타일을 공개하고, 다음 사람에게 차례를 넘긴다.

⑤ 3명의 암호가 모두 공개되고 한 명의 우승자가 남을 때까지 진행해 놀이를 마무리한다.

• 놀이 사진

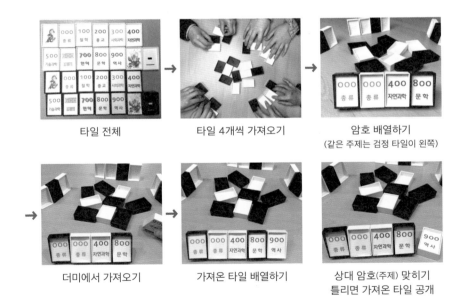

타일 전체   타일 4개씩 가져오기   암호 배열하기
(같은 주제는 검정 타일이 왼쪽)

더미에서 가져오기   가져온 타일 배열하기   상대 암호(주제) 맞히기
틀리면 가져온 타일 공개

■ 즐거운 놀이를 위한 도움말

① 규칙 만들기: 대부분의 놀이는 약간의 소음을 동반한다. 'KDC 다빈치코드'는 여타 놀이에 비해 조용한 가운데 놀이를 즐길 수 있어 도서관에서 활용하기에 적당하다. 모든 놀이에는 규칙이 따른다. 일반적 놀이 규칙에 더하여 수업 중 진행하는 놀이에는 소음을 최소화할 수 있는 규칙이 필요하다. 옆 반에 방해되지 않아야 한다. 학생들과 상의하여 '옆의 모둠에 들리지 않게 코드 말하기', '암호를 풀었을 때 환호하면 해독 무효화하기' 등을 약속하고 놀이를 진행하면 유용하다.
② 놀이 시간을 조절하고 싶다면: 단 한 명의 우승자가 남을 때 까지 기다리지 않고, 암호 전체를 들킨 한 명이 나오면 종료 또는 두 명이 나오면 종료 등으로 정하면 놀이 시간을 줄일 수 있다.
③ 교과용 수업 놀이: KDC 주제를 대신해 수업 내용 중 순서가 있는 다양한 내용을 타일에 부착하여 수업 놀이로 활용할 수 있다.

■ 활동 사례

스마트폰을 사용하는 학생들이 늘면서 도서관 이용자가 급격하게 줄어들고 있다는 것을 실감한다. 책에 대한 관심도 줄고 책을 읽는 문화가 달라진 것은 확실하다. 도서관에 독서토론을 하러 와서도 손에서 스마트폰을 내려놓지 못하는 학생들의 모습을 보면 안타까운 마음이 든다. 심지어 서로 마주 보고 앉아 메신저로 소통하는 모습을 보면 더욱 당황스럽다.

'KDC 다빈치코드'는 'KDC 젠가'와 함께 도서관 이용교육 시간과 학교축제에 주로 활용한다. 여학생보다 남학생들에게 더 인기가 높다. 이 놀이는 학교도서관에서 친구들과 책과 눈을 맞추고 함께 호흡하고 즐기는 재미를 맛보게 해 준다. 특히 남학생들이 놀이를 통해서 책에 맛을 들여 평생 책과 도서관을 즐길 수 있었으면 좋겠다는 생각을 해 본다. 그런 마음으로 'KDC 다빈치코드'를 준비하고 학생들과 함께 즐겼다.

'KDC 다빈치코드'는 자신의 암호는 숨기고 상대의 암호를 맞혀야 한다. 서로 상대의 암호를 추측하는 데 상대방의 암호를 맞히면 암호의 숫자를 알 수 있지만 틀리면 다음을 위해 어떤 숫자를 말해서 틀렸는지 기억하는 것이 중요하다. 놀이가 진행되면서 몇몇 타일의 암호들이 공개되면 알 수 있는 암호 숫자 전체를 읽고 기억해야 한다. 그러니 이기기 위해서는 경청과 집중이 필요하다.

놀이를 시작하기 전에 아이들에게 놀이 규칙을 설명한 후 기본이 되는 규칙을 숙지하도록 했다.

"왼쪽에는 작은 수, 오른쪽으로 갈수록 큰 수 순서로 배열합니다."

"여러분, 동일한 숫자가 있을 때 검은 타일 다음에 흰 타일이라는 것만 잘 기억하세요."

"예를 들어 넘어진 타일의 숫자가 500번(흰 타일)과 900번(흰 타일)이고 그 사이에 3개의 타일이 있다고 합시다. 그리고 나에게 600번 타일이 두 개가 이미 있다고 해요. 이럴 경우 상대방 타일의 숫자는

700번이나 800번 둘 중의 하나라는 것을 추측할 수 있겠지요? 이때 상대방의 타일을 구체적으로 가리키면서 '가운데 검정 타일 800번 맞지?'라고 외치면 됩니다."

학생들이 놀이에 익숙해지면 조커 타일 두 개를 포함해서 놀이를 진행한다. 조커 타일은 원하는 위치에 아무데나 놓을 수 있기 때문에 상대방은 숫자를 파악하기가 더 어려워진다. 조커 타일은 처음부터 넣고 진행해도 되지만, 학생들 중에 조커 타일을 넣으면 어려워하는 학생이 있을 경우 조커 타일을 빼고 진행해도 된다. 간혹 참여자 중에는 거짓말을 하는 경우도 있는데 거짓이 들키면 추리가 틀렸을 때처럼 가져온 타일을 공개해야 한다.

'KDC 다빈치코드'는 KDC 주제를 익히는데 매우 유용하다. 이렇게 도서관을 이용할 때 필요한 규칙들을 활용한 놀이들은 도서관 이용교육 시간은 물론이고 학교축제나 월별 도서관행사 때 실시해도 좋다.

도서관표 할리갈리

:
.
.

같은 종류의 책 그림이 5개가 되면 재빨리 종을 치는 사람이
이기는 놀이이다. 기존 할리갈리 카드에 그려진 바나나·라임·
딸기·자두 네 종류의 과일 카드 대신 네 종류의 책 표지 그림
으로 카드를 만들어 보드게임을 한다. 읽기 전 단계에서 독서
흥미를 유발하거나 권장도서를 홍보할 때 활용할 수 있다.

- **활동단계** 읽기 전
- **인원** 모둠별 2~7명
- **준비물** 도서관표 할리갈리 카드, 탁상용 종이나 종이 그려진 카드
- **시간** 15분
- **도구**

4종의 책 그림으로 각 책 그림마다 〈책 그림 1개-6장, 책 그림 2개-4장, 책 그림 3개-4장, 책 그림 4개-3장, 책 그림 5개-2장〉이 되도록 제작한다.

- **방법**

① 탁상용 종을 테이블 가운데 놓는다.

② 도서관표 할리갈리 카드 책 표지 4종×19장(총76)매를 잘 섞어 인원수에 맞게 똑같이 나눠 가진다. 인원에 맞지 않게 남을 경우 모둠 안에서 정한 나름의 규칙으로 나누어 준다.

③ 각자의 카드를 자신 앞에 그림이 보이지 않도록 엎어 놓고, 차례가 오면 뒤집어서 종이 있는 가운데 쪽에 놓는다. (이때 카드를 엎

어 펼칠 때는 상대방이 먼저 볼 수 있도록 카드 위쪽을 잡고 바깥쪽으로 펼쳐야 한다.)

④ 차례로 계속 돌아가며 각자의 카드를 뒤집고 쌓아 둔다.

⑤ 책상 위에 펼쳐진 카드 더미 맨 위의 카드 중에서 같은 책 그림이 다섯 장이 될 때 종을 칠 수 있다. 이때 먼저 종을 칠 수 있도록 항상 집중해야 한다.

⑥ 가장 먼저 종을 친 사람이 지금까지 펼쳐져 쌓인 카드를 가져가 자신의 카드 더미 밑에 넣는다. 만약 같은 종류 책 그림이 다섯 장이 되지 않았는데 누군가 실수로 종을 쳤다면 벌칙으로 모두에게 자신의 카드를 1장씩 나눠 줘야 한다.

⑦ 더 이상 뒤집을 카드가 없는 사람은 놀이에서 빠진다. 2명만 남은 상황에서 누군가 펼쳐진 카드 더미를 가져갈 때까지 놀이를 계속 진행한다. 혹시 이때 둘 중 누군가 실수로 종을 치면 상대의 펼쳐진 카드 더미를 모두 가질 수 있고 놀이는 끝난다. 놀이가 끝났을 때 카드를 가장 많이 가진 사람이 이긴다.

• 놀이 사진

| 카드 나누기 | 카드 뒤집기 | 같은 책 그림 5개 맞추면 가져오기 |

■ 즐거운 놀이를 위한 도움말

① 권장도서 선택하기: 카드를 만들 때 쓸 책 표지는 학기 초 교과
별 권장도서나 학생들이 꼭 읽었으면 하는 좋은 책으로 준비
한다. 책 표지 이미지도 저작권이 있는 자료이므로 교육용으로
학교 안에서만 사용한다. 출판사에 연락하거나 인터넷 서점에
있는 이미지 자료를 복사해 사용할 수 있다.

② 할리갈리 카드 컬러 정하기: 다음 장에 제시될 '북딩고' 놀이의
예시 사진처럼 책 표지 자체 색상으로 구분할 수 있으면 좋다.
그러나 색상으로 구분하여 책 표지를 고르는 것에는 한계가
있다. 따라서 책 표지 이미지 바깥 선을 따라 색상을 입혀 놀이
에서 책 종류를 잘 구분할 수 있도록 해야 한다. 한글 워드프
로세서로 작업을 한다면 책 표지 그림을 선택한 후 마우스 우
측 키를 눌러 '개체속성/네온'에서 색상을 골라 편집하면 된다.
책 4종으로 카드를 만들 때 책 표지마다 책 그림이 1개인 카드
는 6장, 2개-4장, 3개-4장, 4개-3장, 5개-2장으로 전체 76장이
된다.

③ 종이 종: 여러 모둠이 동시에 놀이를 할 경우 종소리가 커서 놀
이에 방해가 된다. 이럴 때는 카드에 '종 그림'을 붙여 탁상용 종
대신 종이 종을 사용할 수 있다. 집중력이 필요한 놀이이므로
종이 종을 이용하면 조용한 가운데 놀이를 즐길 수 있다. 책 카
드와 같은 크기의 카드에 종 그림을 넣어 제작하면 된다. 따라
서 종을 치는 규칙은 '종이 종'에 손을 가장 먼저 얹은 사람이

종을 친 것으로 하면 된다.

④ 조커 카드: 놀이에 변수를 두어 재미를 더하기 위해 조커 카드
를 만들어 투입한다. 책 그림과 관계없이 조커 카드가 나오면 펼
쳐진 카드 더미를 모두 가져갈 수 있도록 한다.

■ 활동 사례

한때 학생들 사이에서 보드 카페가 유행하던 적이 있었다. 음료만
사서 먹으면 보드게임을 제공해 주는데 카페에서 학생들이 가장 즐
겨하는 놀이가 할리갈리 보드게임이었다. 처음에는 할리갈리 게임
을 구입해 도서관에 비치해 두고 방과 후에 도서관에 오는 학생들이
즐길 수 있게 장소와 도구를 제공했다. 아이들이 무엇을 하든 도서
관이란 공간이 익숙해지면 책과 도서관을 가까이 하리란 막연한 믿
음이 있었다. 그런데 할리갈리 카드의 과일 그림들이 왠지 도박을 연
상시켜서 더 교육적인 놀이로 만들 수 없을까 고민을 하다가 결국은
책 표지로 할리갈리 게임카드를 제작하게 되었다.

책 표지로 만든 할리갈리 카드가 무슨 교육적 효과가 있을까 싶지
만 책 그림 하나만으로도 많은 이야기가 만들어진다. 놀이 중에 자
신이 읽은 책 표지가 나오면 자연스럽게 책 이야기가 이어진다. 간혹
놀이를 하다가 "이 책 무슨 이야기예요?", "도서관에 이 책 있어요?"
하는 질문을 받을 때가 가장 뿌듯하다.

자유학기제 온 책 읽기 수업 때는 학생들이 읽을 책을 고르기 전
에 게임을 했다. 그리고 책을 고르게 했더니 할리갈리 카드에 나왔

던 책들의 인기가 급상승했다. 책 표지만으로도 독서 흥미 시 유발된 셈이다. 그러니 카드를 만들 책 표지를 신중하게 고르는 것이 무척 중요하다.

만약 교과에서 할리갈리 카드게임을 수업용으로 활용한다면 '워드-클라우드'(문서의 키워드, 개념 등을 직관적으로 파악할 수 있도록 핵심 단어를 시각적으로 돋보이게 하는 기법)로 제작하면 좋겠다. 워드 클라우드를 만들 때 핵심어는 더 크고 굵게 표현하고 설명하는 어휘들은 작은 글자로 표현한다. 교과 내용에서 꼭 기억해야 하는 내용을 네 가지로 정리하고 네 가지 색으로 구분해 카드를 제작하면 된다.

본문에 사용된 책 표지의 출처를 밝힙니다.
꽃들에게 희망을 트리나 폴러스 글·그림, 김석희 옮김 | 시공주니어

북딩고

:
:

같은 책이 그려진 카드 5장을 먼저 모으는 사람이 이기는 놀이이다. 기존 딩고 카드에 그려진 여우·새·뱀·쥐·고래·하마·딩고(들개) 일곱 종류의 동물 카드 대신 7종류의 책 표지 그림으로 카드를 만들어 놀이를 한다. 같은 책 그림 5장을 먼저 모으는 사람이 승리하는 경기로 1등이 되지 못해도 재빨리 규칙을 수행한다면 꼴찌를 면할 수 있다. 독서 흥미를 유발하거나 권장도서를 홍보할 때 유용하다.

- 활동단계 읽기 전
- 인원 모둠별 4~7명
- 준비물 북딩고 카드
- 시간 2~5분
- 도구

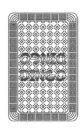

놀이 카드 예시(책 카드, 벌칙 카드, 카드 뒷면)

① 한 칸이 가로50mm×세로80mm 규격인 표를 4칸×3줄 표를 만든다.

② 칸 안에 적당한 크기로 책 표지 그림을 넣는데 책 표지 그림의 [개체속성]에서 '네온'을 선택하여 두껍게 네온을 넣어 주면 놀이 중 책 그림을 구분하기 더 쉬워진다.

③ 같은 책 그림이 5장이 되도록 출력하고 잘라서 카드를 만

든다.(카드용 종이는 A4용지 180g 이상의 두꺼운 종이를 사용)

④ 책 그림이 비치지 않게 필요에 따라 일반 카드처럼 뒷면에 동일하게 무늬를 넣어도 좋다.

• 방법

① 인원수에 맞는 책 카드를 각 5장씩 준비한다. 4명이라면 4종류의 책 그림 카드 총 20장, 카드는 잘 섞어서 5장씩 나눠 갖는다.

② 한 사람이 '하나 둘 셋!'을 외치면, 참가자 전원이 동시에 손에 든 5장의 카드 중 자신에게 필요 없는 카드를 오른쪽 사람 앞쪽으로 내려놓는다. 필요 없는 카드를 줄 때는 그림이 보이지 않게 엎어서 준다.

③ 왼쪽 사람에게서 받은 카드를 가져와 재빨리 확인하고 또다시 필요 없는 카드를 놀이 대표자의 구령에 맞춰 오른쪽으로 전달한다.

④ 같은 책 그림 카드 5장을 먼저 모은 사람은 큰 소리로 '딩고(dingo)'를 외치고 테이블 위에 손을 올려놓는다.

⑤ 먼저 '딩고'를 외친 사람 손 위에 다른 참여자들은 손을 올려놓는다. 일 등은 가장 마지막에 손을 올린 사람에게 벌칙을 준다.

⑥ 벌칙 카드를 만들어 사용하거나, 놀이를 시작할 때 점수(블루칩)를 나누어 주고 일 등은 진 사람의 점수(블루칩)을 가져온다. 점수(블루칩)가 모두 없어진 사람이 나오면 놀이를 종료한다.

· 놀이 사진

| 카드 5장씩 나누기 | 필요 없는 카드 넘기기 | 5개 그림 맞추면 "딩고" |

■ 즐거운 놀이를 위한 도움말

① '딩고(dingo)'를 외치며 손을 놓는 곳: 같은 책 그림 5장을 모아 '딩고'라고 할 때 책상 위가 아닌 다른 어떤 곳도 손을 올릴 수 있다고 하면 더 재미있는 놀이가 된다. 자리에서 일어나 움직여 야만 하는 장소, 가령 칠판이나, 멀리 있는 책상, 서가, 바닥 등 이라면 어떨까? 일 등이 나왔을 때 모두 긴장하며 달릴 준비를 한다. 혹 친구 머리나 어깨에 손을 붙였다면 난리도 그런 난리 가 없다. 그래서 더 신나게 놀 수 있다. 학기 초 서로 서먹서먹할 때 함께하면 좋은 놀이다.

② 책 찾아오기, 책 정보 찾아 이야기하기: 놀이 장소가 도서관이 라면 책 표지 그림으로 책을 찾아오게 하거나, 찾아온 책을 훑 어 읽거나 검색을 통해 책 정보를 읽은 후 책 이야기를 나누는 시간을 만들 수 있다.

■ 활동 사례

"이걸 직접 만드셨다구요? 어떻게 만드셨나요?"

책놀이 연수를 하다 보면 연수에 참여한 여러 선생님들이 북딩고 카드를 보고 신기해하는 모습을 자주 본다. 화려한(?) 겉모습과 달리 북딩고 카드를 만드는 방법은 생각보다 어렵지 않다. 게다가 '북딩고'는 '도서관표 할리갈리'에 비해 필요한 카드 수도 적다. 이 자리를 빌려 북딩고 카드를 만들 때 참고할 만한 도움말을 전한다.

- 표 그리기: 한글 워드프로그램에서 한 칸이 가로50mm×세로 80mm 크기로 4칸×3줄 표를 만든다. 표 밖의 여백은 상하 좌우 모두 '0'으로 설정하고 표를 가운데 정렬한다. 표에서 선 종류는 점선, 선 색은 옅은 회색(명도144정도)으로 한다. 왜냐하면 잘랐을 때 외곽선이 눈에 띄지 않아 카드가 깨끗하다.

- 그림 넣기: 표 안의 글이나 그림은 가운데 정렬한다. 특히 그림의 [개체속성/기본]은 '글자처럼 취급'한다. 책 그림의 인식 가독성을 높이기 위해 그림의 [개체속성/네온] 탭을 선택하고 '색상, 투명도, 크기'를 적절히 설정한다.

- 카드 크기의 표준화: 카드형 놀이도구를 가로50mm×세로80mm 크기로 하면 A4용지로 12장의 카드를 만들 수 있다. 이렇게 크기를 표준화하면 도구 정리가 편리하고, 가로60mm×세로90mm 명함 크기 코팅지를 사용할 수 있다. 규격화된 명함 코팅지를 사용하면 자르는 수고를 덜 수 있고, 모서리 라운드 처리로 손으로 잡았을 때 부드럽고 편안하다.

• 카드 출력: 카드를 출력할 때는 240g A4 용지(한솔제지 몽블랑) 또는 180g A4 컬러 용지(두성종이)에 출력하면 편리하다. 240g A4 용지를 사용한다면 적절한 두께로 코팅할 필요가 없다. 180g A4 컬러 용지를 사용하면 코팅을 하여 카드를 규격화할 수 있고 오염도 막을 수 있어 오래 사용 가능하다.

'딩고(dingo)'를 외치며 손을 놓는 곳을 달리해 동적인 활동으로도 응용할 수 있어 남학생들이 특히 신나게 즐겼던 놀이다. 하지만 신나게 놀고 놀이로 끝났구나! 싶을 땐 조금 허무해지기도 한다. 그래서 책 이야기가 이어지게 카드를 제작해야 한다. 누구나 읽었을 법한 책 4~5권, 학생들이 읽었으면 좋겠다고 생각하는 책 4~5권으로 책을 잘 골라야 한다. 그러면 누가 시키지 않아도 "이거 나 읽은 책인데…." 하며 책 이야기가 이어진다. 해당 책을 준비하거나 놀이 장소에 따라 놀이의 깊이가 달라질 수 있다. 도서관이라면 찾아온 책을 훑어 읽고 이야기를 나누거나 책 퀴즈 또는 빙고놀이로 확장할 수도 있다.

본문에 사용된 책 표지의 출처를 밝힙니다.
꽃들에게 희망을 트리나 폴러스 글·그림, 김석희 옮김 | 시공주니어
행복지수 1위 덴마크의 비밀 오연호 글, 김진화 그림 | 사계절
기억 전달자 로이스 로리 글, 장은수 옮김 | 비룡소
키싱 마이 라이프 이옥수 지음 | 비룡소
고물 자전거 주홍 글, 고근호 그림 | 단비
아무것도 안 하는 날 김선우 시집 | 단비
돼지책 앤서니 브라운 글·그림, 허은미 옮김 | 웅진주니어
왜 세계의 절반은 굶주리는가? 장 지글러 지음, 유영미 옮김 | 갈라파고스

책벌레

KDC(한국십진분류법)에 해당되는 10개의 주제를 익히고, 각 주제와 어울리는 도서의 성격을 이해할 수 있는 놀이이다. 놀이를 하면서 각 주제별 도서의 표지로 책에 대한 흥미를 유발할 수 있다.

- **활동단계** 읽기 전
- **인원** 모둠별 4명
- **준비물** KDC(한국십진분류법) 카드, 원형 카드, 황금열쇠 찬스 카드, 책 카드, 책벌레
- **시간** 30분
- **도구**

KDC(한국십진분류법) 카드   원형 카드   황금열쇠 찬스 카드

책 카드 (가) 유형   책 카드 (나) 유형   책벌레

- **방법**

① 한가운데에 KDC(한국십진분류법) 카드를 내용이 가려지도록 엎어 놓고 그 옆에는 황금열쇠 찬스 카드 더미를 둔다.

② KDC 카드의 모둠 둘레에 책 카드를 내용이 보이도록 둥글게 배열한다. 이때, 같은 주제의 책 카드는 서로 멀리 떨어뜨려 놓

는다. 원형 카드도 책 카드 사이사이에 비슷한 간격으로 떨어뜨려 배열한다.

③ 참여자들은 원하는 색의 책벌레를 선택하고, 책벌레를 동서남북 방향에 같은 간격으로 책 카드 위에 올려 둔다. 순서를 정해 돌아가며 놀이를 진행한다.

④ 차례가 되면 자신이 올려 둔 책벌레의 "앞 칸"(진행방향)에 놓인 책 카드를 확인하고, 해당 책의 주제와 일치하는 KDC 카드의 위치를 추측해 KDC 카드 1장을 골라 참여자들이 모두 볼 수 있도록 뒤집는다.

> **예** 자신의 책벌레가 놓여 있는 바로 앞의 책 카드가 《소나기》(800 문학) 책 카드라면, KDC 카드 속에서 '800 문학'을 찾는다.

⑤ 책 카드의 주제와 KDC 카드가 서로 일치하면 1칸 전진하고, 바로 앞의 책 카드 주제를 맞힐 기회를 또 가질 수 있다. 만약 틀리면 그 자리에 머물고 다음 사람에게 기회가 넘어간다. 주제 일치 확인 후에는 KDC 카드를 다시 엎어 놓아야 한다.

⑥ 만약 책벌레 바로 앞 칸에 원형 카드가 있으면 책벌레를 원형 카드에 올려 두고, 황금열쇠 찬스 카드 뭉치에서 1장을 뽑아 찬스를 사용한다. 황금열쇠 찬스 카드는 반드시 사용해야 한다. 사용한 황금열쇠 카드는 다시 카드 뭉치 속으로 섞어 넣고 놀이를 계속 진행하고 틀리면 다음 사람에게 기회가 넘어간다.

⑦ 한 칸씩 전진해서 다른 사람의 책벌레를 만나면 상대편 책벌레의 꼬리를 가져와 자신의 책벌레 꼬리에 이어 붙인다. 제한시간 동안 책벌레의 길이가 가장 긴 사람이 이긴다.

※ 황금열쇠 찬스 카드 사용방법

① 위치 바꾸기: 주제를 맞혀야 하는 바로 앞의 책 카드를 다른 곳에 있는 원하는 책 카드와 위치를 서로 맞바꿀 수 있다. 이전에 맞혀서 KDC 카드의 위치를 기억하는 책 카드와 앞으로 맞혀야 하는 책 카드를 서로 맞바꾸면 쉽게 전진할 수 있다.

② 카드 섞기: KDC 카드를 최소 1장부터 최대 10장까지 마음대로 위치를 바꾸며 섞을 수 있다. KDC 카드의 위치를 아직 외우지 못했다면, 10장을 모두 마구잡이로 섞어 모두의 기억을 원점으로 만든다. 놀이를 진행하며 기억해 둔 주제의 위치가 달라지는 변수로 승부의 판도가 달라질 수 있다.

③ 카드 열기: 원하는 KDC 카드 1장을 골라 혼자서만 주제를 엿볼 수 있다.

④ 꽝: 한 차례 쉬어 간다. 꽝을 피할 수는 없기 때문에 다른 참여자들이 열어서 보여 주는 KDC 카드의 위치를 외우고 있다가 자신의 차례가 되었을 때 맞혀서 전진한다.

 →  →

| 놀이 시작 시 카드 배열 모습 | 책 카드와 KDC 카드 일치로 전진하는 모습 | 다른 애벌레를 만나 몸통 1개를 빼앗은 모습 |

■ 즐거운 놀이를 위한 도움말

① 카드 장 수 조정하기: 놀이 참여자 4명을 기준으로 KDC 카드
(000 총류부터 900 역사까지 주제별로 1장씩 총 10장), 책 카드(000 총
류부터 900 역사까지 주제별로 3장씩 총30장), 원형 카드 6장, 황금열
쇠 찬스 카드(종류별 3장씩 총12장)를 배치하여 놀이를 진행한다.
하지만 정해진 놀이 시간이나 참여자의 수를 고려하여 KDC 카
드를 제외한 책 카드나 원형 카드, 황금열쇠 찬스 카드의 장 수
는 조절할 수 있다.

② 책 카드 종류 정하기: 책 카드 종류 정하기: 책 카드는 2가지 종
류로 만들어 사용할 수 있다. 유형(가)는 하나의 주제에 대해 같
은 책으로 만든 카드고, 유형(나)는 하나의 주제에 대해 다른 책
으로 만든 카드이다. 예를 들어 유형(가)는 문학을 주제로 황순
원의《소나기》책 표지를 반복해서 사용한다. 반면 유형(나)는
문학의 갈래를 달리하여 20세기 이전 소설(황순원의《소나기》),
20세기 이후 소설(김혜정의《다이어트 학교》), 시(윤동주의《하늘과 바
람과 별과 시》)에 해당하는 책을 1권씩 선정할 수 있다.

그밖에도 문학 가운데 소설을 중심으로 고전소설, 20세기 이전
소설, 20세기 이후 소설로 나눌 수 있고, 문학의 특성에 따라 시, 소
설, 수필 등으로 나눌 수 있다.

유형(가)는 하나의 주제에 대해 동일한 책표지를 사용하여 한국십

진분류(KDC)에 해당하는 10개의 주제를 이해할 수 있고, 유형(나)는 한국십진분류(KDC)에 따른 10개의 주제를 중심으로 각 주제에 해당하는 다양한 책을 만날 수 있다.

■ 활동 사례

"초등학생이 읽을 만한 책은 어디에 있나요?"

도서관에서 가장 많이 받는 질문 중에 하나다. 도서관의 장서는 도서의 성격을 10개의 주제로 분류하여 비치되어 있다. 그러나 도서관 이용자들은 어른 아이 구분할 것 없이 도서관의 장서가 학년 별로 비치되어 있는 것으로 잘못 알고 있는 경우가 의외로 많다. 이용자에게 도서관의 장서가 000 총류부터 900 역사까지 주제별로 구분되어 있음을 알려 주어도 사실 전공자가 아닌 이상 그 자리에서 모두 기억하기란 쉽지가 않다.

'책벌레'는 도서관 이용자 교육에 적합한 놀이로, 도서관의 장서가 10개의 주제로 분류되어 있고, 각 주제별로 해당되는 도서의 주제를 놀이를 통해 자연스럽게 이해할 수 있게 만들어졌다.

자유학기제로 도서관을 방문한 중학생들을 4명씩 조를 구성해 놀이를 진행하였다. 놀이에 참여하는 중학생들은 대부분 도서관 이용 경험이 없는 학생들이었기 때문에 난이도가 낮은 (가) 유형의 책 카드를 선택했다. 차근차근 '책벌레'의 놀이 설명서를 따라 읽어 가면서 놀이를 진행할 수 있도록 준비과정을 거쳤다. 설명을 마친 후 각 모둠이 카드를 제대로 배치하였는지 다시 한 번 확인하였다. 한 아이가 다른 모둠에는 도서관 이용 경험이 많은 학생이 있었기 때문에 자기네가 불리하다고 하소연을 하였지만, 이 놀이는 도서관의 이용 경험 정도가 아니라 기억력이 승패를 좌우하기 때문에 괜찮다고 다독였다.

초반에는 한가운데에 엎어져 있는 KDC 카드의 위치를 기억하느라 책벌레 말이 별다른 전진이 없었다. 카드의 위치를 점점 기억하면서 놀이가 무르익자 모둠마다 다양한 일들이 벌어졌다. 아무 말도 없이 카드를 뒤집는 소리만 나는 모둠이 있고, 잡혔다고 소리 지르고 흥분하는 모둠도 있었다. 어떤 모둠에서는 "선생님 황금열쇠 카드인데 왜 저는 자꾸 꽝만 나오는 걸까요?"라고 하소연을 하는 학생도 있었고, "선생님, 게임 초반에 애들한테 2번이나 잡혀 꼴찌였는데 지금은 제가 1등이에요."라고 자랑하는 학생도 있었다.

'책벌레' 놀이는 책 카드 중에서 소나기 카드가 800 문학에 해당되는 것을 알고 있어도 가운데에 엎어져있는 KDC 카드 속에서 800 문학 카드를 찾아내야 하기 때문에 기억력과 집중력이 중요한 역할을 한다. 여기에 4종류의 황금열쇠 찬스 카드는 운이 없는 학생도 역전의 기회를 만들 수 있고, 질주하던 학생을 잠시 멈출 수 있게도 하는 다양한 경우의 수를 만들어 준다. 또한, 학생들에게 각각 3번의 기회가 주어지기 때문에 한 번 잡혔어도 놀이를 이어서 진행할 수 있고, 내가 다른 사람의 책벌레를 잡았지만 곧이어 상황이 다시 역전될 수 있는 반전도 가져올 수 있다.

학생들이 놀이에 과하게 몰입하여 오히려 십진분류를 기억하지 못하는 것은 아닌지 걱정되었지만, 놀이에 몰입한 만큼 10개의 주제를 자연스럽게 익혔다. "총류는 몇 번이지?"라고 물으면 "000번이요."이라고 대답하였고, "'why 로봇'의 주제는 뭐였지?"라고 물으면, KDC 카드에서 보았던 "500 기술과학이요."라고 답한다. 학생들이 헷갈려 할 만한 주제 분류나 도서의 성격을 물어보았지만, 학생들은 어떠한 흔들림 없이 척척 대답을 한다. '책벌레'는 단순한 암기식 학습법에서 벗어나 놀이를 통해 자연스럽게 도서관의 주제 분류를 익히고, 각 주제에 해당되는 도서의 성격을 이해하며 집중력과 암기력을 높이고 독서 흥미를 유발할 수 있는 훌륭한 도서관 이용자 교육 방법이다.

그 책을 알고 싶다

카드 속에 담긴 책 제목이나 책 표지, 짧은 서평을 참고하여 책의 내용과 관련 있는 낱말들을 자유롭게 연상하고, 내가 나열한 낱말들이 책의 내용과 어떻게 관련 있는지 이야기를 나누는 놀이이다.

- **활동단계** 읽기 전,
- **인원** 모둠별 3~4명
- **준비물** 책 카드, 초시계, 자음·모음 조각, 룰렛
- **시간** 15분
- **도구**

마음을 전하는 마법의 알사탕

알록달록 비늘이 준 행복

고릴라 인형이 살아 움직이다

책 카드

초시계

자음·모음 조각

룰렛

- **방법**
① 순서를 정해 돌아가며 놀이를 진행한다.
② 첫 번째 사람은 책 카드 뭉치 속에서 카드를 1장 뽑아 내용이
   보이지 않게 엎어 놓는다.

③ 자음 조각과 모음 조각을 서로 뒤섞어 놓고, 첫 번째 사람이 룰렛을 돌려 나온 시간(40초, 50초, 60초)에 맞춰 초시계를 조절한다.

④ 다른 사람이 시작이라는 구령과 함께 초시계의 버튼을 누르면 첫 번째 사람은 동시에 엎어 놓았던 책 카드를 연다.

⑤ 카드를 열고 제한된 시간 동안 카드에 적힌 책 제목과 책 표지, 짧은 서평을 참고하여 자음 조각과 모음 조각으로 책의 내용과 관련 있을 낱말들을 최대한 많이 만든다.

⑥ 초시계의 알람이 울리면 자신이 만든 낱말들이 책의 내용과 어떻게 관련되어 있을지 설명하고 다른 사람들은 이야기를 듣고 관련성이 있는 낱말에 1음절 당 1점으로 점수를 부여한다. 만든 낱말이 맞고 틀리는지를 판단하는 것은 책 제목과 내용 훑어 읽기로 가늠한다.

⑦ 사용한 책 카드는 카드 뭉치에서 제외하고, 다음 사람도 같은 방식으로 놀이를 진행해 제한된 시간 동안 가장 많은 점수를 획득한 사람이 이긴다.

• 놀이 사진

| 책 카드를 1장 뽑아 엎어 두기 | 룰렛을 돌려 시간 정하기 | 책의 내용과 관련 있는 낱말 조합하기 |

■ 즐거운 놀이를 위한 도움말

① 낱말 설명하기: 조합한 낱말들이 책의 내용과 어떻게 관련되어 있을지를 설명하고, 설명을 듣고 납득이 되는 낱말의 한 음절 당 1점의 점수를 준다. 만약 의견이 분분한 경우, 다수결의 원칙에 따른다.

② 점수 계산하기: 조합한 낱말의 한 음절 당 1점으로 점수를 계산하는데 조합한 낱말의 맞춤법이 틀렸을 경우에는 틀린 음절만 점수에서 뺀다. 예를 들어, 3음절 중 1음절이 틀린 경우에는 2점을 받는다.

③ 제한된 시간 지키기: 초시계의 알람이 울리면 동작을 멈추어 놀이의 규칙을 지킬 수 있도록 한다. 만약, 지키지 않을 때는 1점을 빼앗는 규칙을 만들어도 좋다.

• 활용 방법(번외 놀이 방법)

둥글게 모여 앉아 가위바위보를 해서 이긴 사람이 심판을 맡는다. 심판은 책 카드 뭉치 속에서 카드를 1장 뽑아 내용이 보이지 않도록 카드를 엎어 놓는다. 심판은 초시계를 60초로 맞추고, 책상 가운데 자음 조각과 모음 조각을 뒤섞어 놓는다. 그리고 시작이라는 구령과 함께 초시계의 버튼을 누르고, 엎어 놓았던 카드를 연다. 참여자들은 카드에 적힌 책 제목과 책 표지, 서평을 참고하여 자음 조각과 모음 조각으로 최대한 많은 낱말들을 동시에 조합한다. 초시계의 알람이 울리면, 심판은 놀이의 종료를 알리고 놀이에 참여한 사람들은 자신이 만든 낱말들이 책의 내용과 어떻게 관련되어 있을지 모두에게 설명한다. 심판은 사람들의 이야기를 듣고 관련성이 있는 낱말에 1음절 당 1점의 점수를 부여한다. 가장 많은 점수를 받은 참여자가 우승한다.

■ 활동 사례

독서는 마음의 양식이라고 흔히 말하지만 독서를 싫어하는 학생에게는 마음의 고통일지도 모른다. 어른들의 강요로 읽기 싫은 책을 억지로 붙잡고 있는 학생에게 책은 그저 종이를 여러 장 묶은 물건에 불과하다. 강요를 통한 독서가 과연 가치가 있는 것일까?

'그 책을 알고 싶다' 놀이는 책 카드에 적힌 책 제목과 책 표지, 짧은 서평들을 참고하여 책의 내용과 관련 있을 낱말들을 브레인스토밍으로 자유롭게 연상함으로써 책에 대한 학생들의 흥미와 호기심을 자극할 수 있는 놀이이다. 내가 만든 낱말들이 과연 책의 내용과 어떻게 관련되어 있을지를 상상하며 이야기를 나누는 놀이이기 때문에 사전에 반드시 책을 읽을 필요도 없다. 또한, 놀이가 끝난 후에 책 카드에서 보았던 책을 반드시 읽어야 한다고 강요하지도 않는다. '그 책을 알고 싶다' 놀이는 놀이 이름처럼 학생들이 그 책에 대해서 알고 싶어 스스로 독서를 즐길 수 있도록 동기 부여를 하는 데 의의가 있다.

놀이에서 사용되는 책 카드는 미취학 아동부터 초등 저학년 수준에 해당되는 국내 창작 그림책과 해외 그림책으로 구성했다. 아동 그림책은 그림의 색감이 다채롭고 글자가 크며 흥미로운 내용들을 담고 있다. 독서를 싫어하는 학생에게 처음부터 글자가 작고 페이지가 많은 책보다는 재밌고 쉽고 편하게 읽을 수 있는 그림책부터 권해 보자는 생각으로 이 놀이를 만들었다. 중·고등학생에게는 그림책의 내용이 쉬울 수도 있지만 놀이를 통해서 학생들에게 다양한 그림책을 소개할 수 있고, 이 그림책은 과연 어떤 내용일지 호기심과 흥미를 자극하며 창의력을 증진시킬 수 있기 때문에 전 학년을 아우를 수 있는 매력적인 놀이이다.

초등 4~6학년 학생 3명과 함께 '그 책을 알고 싶다' 놀이를 진행하였다. 초시계는 모두 동일하게 60초로 설정하기로 사전에 규칙을 정하고, 가위바위보를 해 이긴 학생을 중심으로 시계 방향에 따라 놀이를 진행했다. A학생은《판다 목욕탕》책 카드를 뽑았고, 60초 동안 '①목욕탕 ②목욕 ③우유'로 3단어를 완성해 7점을 획득하였다. A학생은 판다들이 '목욕탕'에 가서 '목욕'을 하고 '우유'를 마셨을 거라는 생각에 세 단어들을 조합했다고 설명하였다. B학생은《무지개 물고기》책 카드를 뽑았고, 60초 동안 '①무지개 ②물 ③비늘 ④산호'로 4단어를 완성하여 8점을 얻었다. B학생은 무지개 물고기는 '물' 속에서 살고, '비늘'의 색깔이 '무지개' 색이며 책 표지에 '산호'가 보여 네 단어들을 조합했다고 설명하였다. C학생은《코딱지 코지》책 카드를 뽑았고, 60초 동안 '①코딱지 ②세상 ③코'로 3단어를 완성하여 6점을 받았다. C학생은 '코딱지'가 '세상' 밖이 궁금하여 '코' 속에서 나왔다고 생각하여 세 단어들을 조합했다고 설명하였다.

다시 처음 순서로 돌아와 A학생은《흔든흔들 다리에서》책 카드를 뽑았고, '①다리 ②여우 ③토끼 ④흔들흔들'로 4단어를 완성하여 10점을 받았다. A학생은 '다리' 위에서 '여우'와 '토끼'가 위태롭게 '흔 든흔들'한 모습에 단어를 조합하였다고 설명하였다. B학생은 《기차 가 덜컹덜컹》 책 카드를 뽑았고, '①기차 ②바퀴 ③기관사'로 3단어 를 조합하여 7점을 얻었다. B학생은 '기차'가 '바퀴'를 돌리며 달리고 있고, '기관사'가 기차를 운행하고 있을 것이라고 생각하여 단어들을 조합했다고 설명하였다. C학생은 《간질간질》 책 카드를 뽑았고 '① 간지럼 ②샤워 ③이(머릿니)'로 3단어를 조합하였다. 그러나 간지럼을 간질럼이라고 잘못 조합하여 1점이 차감되었고 이에 5점을 획득하 였다. C학생은 머리에 '이'가 있어 '간지럼'을 타 '샤워'를 했을 것이라 고 생각하여 단어들을 조합하였다고 설명하였다.

그림책의 내용을 유추하기 위해서 모든 학생들은 짧은 시간 안에 한 줄 서평을 읽었고, 서평은 그림책의 내용을 유추하는 데 학생들 에게 큰 도움이 되었다. (카드에 실린 서평은 인터넷 서점에 있는 책 소개 글 에서 책의 내용을 잘 드러낼 수 있는 내용으로 발췌하여 만들었다.) 인터넷 서 평은 책에 대한 흥미와 호기심을 자극할 수 있는 요소이지만, 대부 분의 학생들은 서평이 무엇인지 모르거나 서평 읽기에 관심이 없다. 그러나 놀이에 참여한 학생들은 '그 책을 알고 싶다' 놀이를 통해서 자연스럽게 서평을 읽게 되었고, 놀이가 끝난 후 책 카드에서 보았던 책에 대해서 자연스럽게 흥미와 관심을 갖게 되었다.

놀이를 할 때 룰렛을 돌려 40초, 50초, 60초 가운데에서 시간을 정하면, 초등학생들은 시간에 대한 압박과 부담감을 가질 수 있어서 동일하게 60초의 시간을 제공했다. 반면, 중·고등학생들과 놀이를 진행할 때는 룰렛을 돌려 시간을 달리하고, 그림책의 내용과 관련 있을 낱말들을 조합할 때 책 제목에 들어 있는 낱말은 제외한다는 규칙을 추가해 좀 더 다양하고 색다른 낱말들이 만들어지도록 했다. '그 책을 알고 싶다' 놀이는 책과 서평에 대한 학생들의 흥미와 호기심을 유발하고 더불어 창의력까지 발휘할 수 있는 매력적인 놀이이다.

본문에 사용된 책 표지의 출처를 밝힙니다.
알사탕 백희나 글·그림 | 책읽는곰
무지개 물고기 마르쿠스 피스터 그림·글, 공경희 옮김 | 시공주니어
고릴라 앤서니 브라운 글·그림, 장은수 옮김 | 비룡소

최고의 책

책 속에 담긴 서지정보를 비교해 보며 승부를 가리는 놀이
이다. 문제 카드에 제시된 내용을 바탕으로 서명, 저자, 출판
사, 출판년도 등 책을 구성하고 있는 다양한 서지정보를 찾도
록 한다. 서지정보와 책을 구성하고 있는 다양한 요소들에 대
해 알 수 있다.

- **활동단계** 읽기 전, 중, 후
- **인원** 모둠별 4명
- **준비물** 최고의 책 문제 막대
- **시간** 25분
- **도구** 문제를 스티커 용지에 출력하여 아이스크림 막대에 부착하기, 용어가 어려운 문제는 막대 뒷면에 설명 부착하기

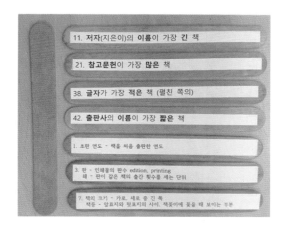

〈 문제 〉	
1. 초판 연도가 가장 최근인 책	23. 색인이 가장 많은 책
2. 초판 연도가 가장 오래된 책	24. 색인이 가장 적은 책
3. 가장 많은 판/쇄를 찍은 책	25. 가격이 가장 비싼 책
4. 가장 적은 판/쇄를 찍은 책	26. 가격이 가장 싼 책
5. 쪽수가 가장 많은 책	27. 챕터(장)이 가장 많은 책
6. 쪽수가 가장 적은 책	28. 챕터(장)이 가장 적은 책
7. 책의 크기가 가장 큰 책 or 책등이 가장 긴 책	29. 가장 재미있는 이야기를 담은 책

8. 책의 크기가 가장 작은 책 or 책등이 가장 짧은 책	30. 가장 슬픈 이야기를 담은 책
9. 그림이 가장 많은 책	31. 출판사의 소재지가 여기서 가장 가까운 책
10. 그림이 가장 적은 책	32. 출판사의 소재지가 여기서 가장 먼 책
11. 저자(지은이)의 이름이 가장 긴 책	33. 저자 소개가 가장 긴(자세한) 책
12. 저자(지은이)의 이름이 가장 짧은 책	34. 저자 소개가 가장 짧은(간단한) 책
13. 책의 제목(서명)이 가장 긴 책	35. 본문 글씨 크기가 가장 큰 책
14. 책의 제목(서명)이 가장 짧은 책	36. 본문 글씨 크기가 가장 작은 책
15. 등장인물이 가장 많은 책	37. 글자가 가장 많은 책 (펼친 쪽의)
16. 등장인물이 가장 적은 책	38. 글자가 가장 적은 책 (펼친 쪽의)
17. 작가의 말(머리말, 프롤로그, 서문)이 가장 긴 책	39. ISBN 마지막 숫자가 가장 큰 책
18. 작가의 말(머리말, 프롤로그, 서문)이 가장 짧은 책	40. ISBN 마지막 숫자가 가장 작은 책
19. 각주가 가장 많은 책	41. 출판사의 이름이 가장 긴 책
20. 각주가 가장 적은 책	42. 출판사의 이름이 가장 짧은 책
21. 참고문헌이 가장 많은 책	43. 다른 책 소개가 가장 많은 책
22. 참고문헌이 가장 적은 책	44. 다른 책 소개가 가장 적은 책

〈 설명 〉	
1. 초판 연도 - 책을 처음 출판한 연도	27. 목차를 살펴보세요
2. 초판 연도 - 책을 처음 출판한 연도	28. 목차를 살펴보세요
3. 판 - 인쇄물의 판수 edition, printing 쇄 - 판이 같은 책의 출간 횟수를 세는 단위	29. 얼마나 재미있는 이야기인지 설득해 봅시다
4. 판 - 인쇄물의 판수 edition, printing 쇄 - 판이 같은 책의 출간 횟수를 세는 단위	30. 얼마나 슬픈 이야기인지 설득해 봅시다

7. 책의 크기 - 가로, 세로 중 긴 쪽 책등 – 앞표지와 뒷표지의 사이, 책꽂이에 꽂을 때 보이는 부분	24. 색인 – 본문의 중요한 항목·술어·인명·지 명 등을 뽑아 한 곳에 모아, 이들의 본문 소재 의 쪽수를 기재한 것. 인덱스 또는 찾아보기
8. 책의 크기 - 가로, 세로 중 긴 쪽 책등 – 앞표지와 뒷표지의 사이, 책꽂이에 꽂을 때 보이는 부분	31. 출판사의 주소를 찾아보세요
13. 부제 – 서명(제목)에 덧붙여 그것을 보충 하는 제목	32. 출판사의 주소를 찾아보세요
14. 부제 – 서명(제목)에 덧붙여 그것을 보충 하는 제목	33. 저자소개 - 책의 앞쪽 날개 또는 책의 가 장 뒷부분을 살펴보세요
17. 서문 – 책의 첫머리에 내용, 목적 등을 간 략하게 적은 글	34. 저자소개 - 책의 앞쪽 날개 또는 책의 가장 뒷부분을 살펴보세요
18. 서문 – 책의 첫머리에 내용, 목적 등을 간략하게 적은 글	39. ISBN – International Standard Book Number 국제적으로 책을 식별하는 13자리로 구성된 표준코드
19. 각주 – 본문의 어떤 부분의 뜻을 보충하 거나 풀이한 글을 본문의 아래쪽에 따로 단 것	40. ISBN – International Standard Book Number 국제적으로 책을 식별하는 13자리로 구성된 표준코드
20. 각주 – 본문의 어떤 부분의 뜻을 보충하 거나 풀이한 글을 본문의 아래쪽에 따로 단 것	41. 출판사 – 책이나 잡지 따위의 출판을 전 문으로 하는 회사
21. 참고문헌 – 책을 쓸 때 참고한 문헌의 서 지사항을 일정한 순서로 정리한 목록	42. 출판사 – 책이나 잡지 따위의 출판을 전 문으로 하는 회사
22. 참고문헌 – 책을 쓸 때 참고한 문헌의 서 지사항을 일정한 순서로 정리한 목록	43. 책의 날개, 책의 뒷부분, 본문 내용 등에 서 다른 책에 대한 책 소개를 찾아봅시다
23. 색인 – 본문의 중요한 항목·술어·인명·지 명 등을 뽑아 한 곳에 모아, 이들의 본문 소재 의 쪽수를 기재한 것. 인덱스 또는 찾아보기	44. 책의 날개, 책의 뒷부분, 본문 내용 등에 서 다른 책에 대한 책 소개를 찾아봅시다

· 방법

① 도서관에서 관심 있는 책(혹은 자신이 읽었던 책)을 한 권씩 가지고 와 자리에 앉는다.

② 순서를 정해 돌아가며 최고의 책 문제 막대를 뽑아 문제를 읽는다. 문제가 어려우면 뒷면의 즐거운 놀이를 위한 도움말도 읽어 준다.

③ 조건에 가장 부합하는 책을 지닌 사람이 자신이 가진 책이 어떻게 해당하는지 밝히고 문제 막대를 가진다. 한 조건에 둘 이상의 책이 해당하는 경우에는 모두 인정하고 점수를 준다.

④ 제한된 시간 동안 진행하고, 가장 많은 막대(점수)를 모은 사람이 이긴다.

· 놀이 사진

문제에 가장 부합하는 책을 가진 사람이 문제 막대 갖기

■ 즐거운 놀이를 위한 도움말

① 주제 범위에 제한 두기: 책을 정할 때 주제 범위에 제한을 둘 수 있다. '800 문학책 가운데에 그림책을 제외하기', '400 자연과학 분야 가운데에 수학책으로' 등 책의 범위를 제한할 수도 있다.

② 책을 소중하게 다루기: 책의 서지정보를 찾을 때, 책이 상하거나 찢어지지 않도록 조심한다. 책장이 찢어지거나 상하면 점수를 빼앗는 규칙을 정해도 좋다.

③ 책 자리표 사용하기: 한 학급이 학교도서관에서 놀이를 할 때 1부터 학급 학생 수만큼 번호가 적힌 책 자리표를 준비한다. 자기 번호의 책 자리표를 받아서 책을 뽑아 올 때 책을 뽑은 자리에 책 자리표를 꽂아 둔다. 놀이를 마치면 스스로 이용한 책을 제자리에 꽂을 수 있고, 도서관 책은 왜 제자리 두어야 하는지 도서관 이용교육도 함께할 수 있어 유용하다.

■ 활동 사례

한 권의 책 안에는 서명부터 저자, 번역자, 출판사, 출판년도 등 다양한 서지정보가 담겨져 있다. 도서관 이용자들은 찾으려는 책이 도서관에 있는지 소장 여부를 알려고 대출·반납 데스크로 문의할 때 대부분 책의 서명만 말한다. 그러나 서명이 같더라도 저자, 번역자나 출판사 혹은 출판년도 등에 따라 책의 내용이 다를 수 있기 때문에 서명 외의 다른 서지정보도 중요하다. 서지정보가 많을수록 내가 찾으려는 자료에 빠르게 접근할 수 있다. 예를 들어, '아기돼지 삼형제'를 검색하면 시공주니어에서 이상희 번역자가 번역한 책이 있고, 삼성출판사에서 백미숙 번역자가 번역한 책도 있다. 이상희 번역자의 그림책은 엄마돼지가 등장하지만 백미숙 번역자의 그림책에는 엄마돼지가 등장하지 않는다. 번역자에 따라 내용은 조금씩 다르기 때문에 다양한 서지정보를 확인하는 것은 중요하다.

초등학교 6학년 학생 4명과 '최고의 책' 놀이를 했다. 도서관에서 그림책을 제외한 800 문학도서 가운데 학생들이 읽었던 책으로 범위를 제한하였고, 학생들이 책을 한 권씩 골라올 수 있도록 10분 간 시간을 주었다. A학생은 《도토리 사용 설명서》를, B학생은 《제로니모의 환상모험 4》를, C학생은 《엄마 몰래》를, D 학생은 《고양이 도우미》라는 책을 골라 왔다. 첫 번째 문제 카드는 '가장 많은 쇄를 찍은 책'이었다.

"'쇄'가 무슨 뜻인가요?"

"쇄는 '같은 책을 얼마나 많이 출간하였는지를 세는 단위'란다."

A학생은 '1쇄' B학생은 '15쇄', C학생은 '4쇄', D학생은 '2쇄'였다. 문제에 가장 적합한 책을 고른 B학생이 10점을 부여받았다. 두 번째 문제 카드는 '쪽수가 가장 많은 책'이었다. 이때, 페이지 번호가 없는 장은 제외하였다. A학생은 '180쪽', B학생은 '319쪽', C학생은 '59쪽', D학생은 '71쪽'으로 B학생이 10점을 부여받았다. 세 번째 문제 카드는 '책의 크기가 가장 큰 책'이었다. A학생은 '17×22cm', B학생은 '15×19cm', C학생은 '19×26cm', D학생은 '18×24cm'로, C학생이 고른 《엄마 몰래》도서가 가장 책의 크기가 컸다. 네 번째 문제 카드는 '참

고문헌이 가장 적은 책'이었다. 4권 모두 문학 도서로 참고문헌이 없었기 때문에 다음 차례로 넘어갔다. 다섯 번째 문제 카드는 'ISBN 마지막 숫자가 가장 작은 책'이었다. A학생은 '3', B학생은 '3', C학생은 '4', D학생은 '5'였기 때문에 숫자가 제일 작은 A학생과 B학생이 각각 10점씩 받았다.

학생들은 이 놀이를 통해 '쇄'라는 새로운 서지정보를 배우게 되었고, 자신이 읽었던 책에 대한 서지정보를 직접 찾아보며 책의 구성을 좀 더 깊이 알고 친밀해지는 시간을 가질 수 있었다.

도빙고
ㅡ 도서관 빙고게임

∴

카드에 제시된 조건에 맞는 책을 누가 먼저 찾아오는가를 겨루는 놀이이다. 조건에 해당하는 책을 직접 찾아 봄으로써 내가 읽었던 책이나 새로운 책들을 만날 수 있고 책과 친해질 수 있다. 더불어 친구들이 찾아온 책들도 함께 볼 수 있어 다양한 책들을 직·간접적으로 접할 수 있다.

- 활동단계 읽기 전

- 인원 4명

- 준비물 빙고판, 문제 카드

- 시간 30분

- 도구

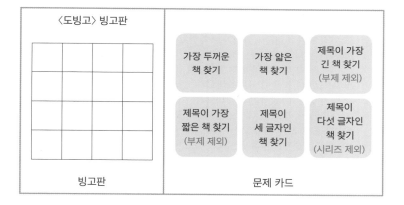

〈도빙고〉빙고판	문제 카드
빙고판	가장 두꺼운 책 찾기 / 가장 얇은 책 찾기 / 제목이 가장 긴 책 찾기 (부제 제외) / 제목이 가장 짧은 책 찾기 (부제 제외) / 제목이 세 글자인 책 찾기 / 제목이 다섯 글자인 책 찾기 (시리즈 제외)

※ 문제 카드 미션 예시

1. 가장 두꺼운 책 찾아오기
2. 가장 얇은 책 찾아오기
3. 가장 제목이 긴 책 찾기
4. 제목이 한 글자/ 세 글자/ 다섯 글자인 책 빨리 찾기
5. 제목에 동물 이름이 들어가는 책 빨리 찾기
6. 작가 이름이 가장 긴 책 찾기(같은 경우 빨리 찾은 사람)
7. 제목으로 끝말잇기가 되도록 책 3권 빨리 찾기
8. 다섯 글자 제목 책 많이 찾아오기(같은 경우 빨리 찾은 사람)
9. 등장인물이 제목에 들어가는 책 찾기
10. 펼친 양쪽 페이지에 동물 수가 가장 많은 책(그림이나 사진 모두 가능)
11. 잡지 한 권을 가져와서 모둠원이 돌아가며 펼쳤을 때 사람이 가장 많이 나온 사람
12. 마음에 드는 칸 한 칸 뺏기
13. 같은 작가가 쓴 책 3권 찾아오기(시리즈 제외)

14. 책을 한 권씩 들고 와서 친구들끼리 바꾸고 책 제목을 활용해 가장 많은 단어를 만들기
15. 동물이 주인공인 책 찾아오기
16. 도서관에서 가장 오래된 / 최근 책(발행일 기준)
17. 실제 있었던 일을 적은 책 찾아오기
18. 서술자가 주인공인 책 찾아오기
19. 300쪽짜리 책 찾기(가장 근접한 숫자 인정)
20. 외국 여성 작가의 책 찾기
21. 잡지 한 권을 가져와서 모둠원이 돌아가며 펼쳤을 때 글자 수가 가장 많은 책
22. 외국 시가 적혀 있는 책 찾기
23. 제목에 계절 이름이 들어가는 책 찾기
24. 제목에 '나'가 들어가는 책 찾아오기
25. 제목에 '책'이 들어가는 책 찾아오기
26. 시집/소설/희곡 한 권씩 찾아오기
27. 작가 이름이 8글자인 책 찾아오기
28. '사랑'을 주제로 한 시가 있는 책 찾아오기
29. '경제'에 대해 다루고 있는 책 찾아오기
30. 가장 큰 숫자가 들어 있는 책 찾아오기
31. '맛있는 과자' 만드는 법을 알려 주는 책 찾아오기
32. 키스신이 들어 있는 책 찾아오기
33. 'library'라는 단어가 들어 있는 책 찾아오기
34. 한 페이지에 인물이 가장 많이 들어 있는 책 찾아오기
35. 지금까지 자기가 찾은 책을 모두 모아 가장 높이가 높은 사람
36. 지금까지 자기가 찾은 책을 모두 모아 가장 높이가 낮은 사람
37. 지금까지 자기가 찾은 책을 모두 모아 제목의 글자가 가장 많은 사람
38. 지금까지 자기가 찾은 책을 모두 모아 제목의 글자가 가장 적은 사람
39. 가격이 없는 비매품이거나 공짜인 책 찾기
40. '도서관' 사진이 나오는 책 찾기
41. 영화로 제작된 책 찾기
42. 여자 주인공이 책 제목인 책 찾아오기
43. 남자 주인공이 책 제목인 책 찾아오기
44. 뒤집은 사람이 이 칸 차지하기
45. 지금까지 가장 적은 칸을 차지한 사람이 이 칸 차지하기
46. 책 분류 번호에 자기 생일 숫자가 순서대로 나열되어 있는 책 찾기
47. 분류번호에 같은 숫자가 3개 이상 들어 있는 책 찾기
48. 가격이 가장 비싼 책
49. 가격이 가장 저렴한 책
50. 환경을 주제로 한 책 찾아오기

• 방법

① 책상 가운데에 미션이 적힌 문제 카드들을 엎어서 펼쳐 둔다. 문제 카드들 중에서 원하는 문제 카드 16장을 뽑는다. 단, 숫자 뒷면에 적힌 문제는 보지 않도록 주의한다.

② 뽑은 문제 카드 16장을 하나의 빙고판(4×4)에 문제가 보이지 않도록 엎어서 배열한다.

③ 가위바위보를 해 이긴 사람은 원하는 칸의 문제 카드를 연다.

④ 제한시간 내에 카드에 적힌 내용에 부합된 책을 가장 빨리 가져온 참여자가 해당 칸을 차지한다. 또는 제한시간 내에 책을 가져온 참여자들 중에서 문제 카드에 가장 근접한 책을 가져온 참여자가 해당 칸을 차지한다. 단, 제한시간을 초과한 참여자는 제외된다.

⑤ 해당 칸을 차지한 참여자는 자신이 맞힌 문제 카드를 가지고, 빙고판 위에 자신의 이름을 적는다. 이후부터는 문제를 맞힌 사람에게 원하는 자리의 문제 카드를 열 기회가 주어진다.

⑥ 두 줄 빙고를 먼저 완성한 사람이 이긴다. 놀이가 끝나 가도 두 줄 빙고를 못 만들면 한 줄 빙고를 완성한 사람, 그 다음은 가장 많은 칸을 차지한 사람 순으로 우승자를 가린다.

· 놀이 사진

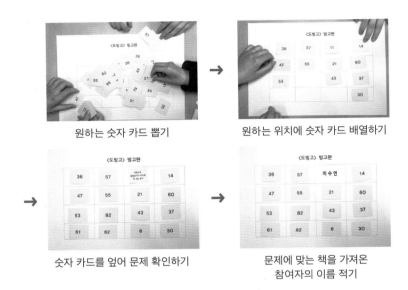

원하는 숫자 카드 뽑기 · 원하는 위치에 숫자 카드 배열하기

숫자 카드를 엎어 문제 확인하기 · 문제에 맞는 책을 가져온
참여자의 이름 적기

■ 즐거운 놀이를 위한 도움말

① 빙고판의 칸 수 조절하기: 참여자의 연령과 놀이 시간을 고려하
여 3×3칸, 4×4칸, 5×5칸 등 빙고판의 칸 수를 자유롭게 조절
할 수 있다.

② 문제 카드 추가/제외하기: 문제 카드 중에서 도서관의 물리적
환경이나 장서의 특성을 고려하여 문제 카드를 더하거나 뺄 수
있다. 예를 들어, 점자도서를 소장하고 있는 경우에는 점자도서
와 관련된 문제 카드를 새롭게 추가할 수 있고, 도서관에 비치
된 잡지가 없다면 잡지와 관련한 문제 카드를 제외한다.

■ 활동 사례

빙고게임은 누구나 한 번쯤 해 본 친숙한 놀이이다. 처음에는 1부터 100까지 원하는 숫자를 적기 시작하여 과일 이름 적기, 나라 이름 적기, 가수 이름 적기 등 다양한 주제로 놀이가 변형되었다. 그렇다면 책을 주제로 16칸을 채울 수는 없을까? '도빙고'는 책과 관련한 문제 카드로 제한시간 안에 제시된 조건에 맞는 책을 가장 빨리 찾아와서 해당 칸을 차지해 빙고를 완성해 가는 놀이이다.

초등학교 4~6학년 학생 4명과 함께 20분 동안 4×4 형태로 빙고 놀이를 진행하였다. 도서관의 물리적 환경을 고려해 학생들이 10개의 주제 분류 가운데에서 800 문학 서가에서 책을 찾아올 수 있도록 공간을 제한하였고, 그에 따라 '수학자'의 이름이 들어간 책 찾기나 페이지가 가장 많은 잡지 1권 찾기 등 해당 범위를 벗어나는 문제 카드는 사전에 제외하였다. 학생들은 원하는 문제 카드를 각자 4장씩 뽑아 빙고판 위에 배열하였다. 책을 찾아오는 시간을 1분으로 정하고, 학생들이 문제 카드의 내용을 충분히 이해한 후 '시작'하고 구령이 떨어지면 문제 카드 내용에 맞는 책을 동시에 찾아오기로 규칙을 정하였다.

첫 번째 문제 카드는 '도서관에서 초판연도가 가장 오래된 책 찾기'였다. 학생들은 800 문학 서가로 들어가 가장 낡아 보이는 책을 1권씩 들고 왔다. 4권의 책 중에서 웅진출판사에서 발간된 도서《안데르센 동화》가 2000년도에 발행된 책으로 1등이었다. 다음 문제 카드는 '마음에 드는 칸을 한 칸 뺏기'였다. 4명의 친구들이 서로 친구

였기 때문에 학생들이 자신의 칸을 빼앗기지 않도록 애정공세를 하였다. 결국 가위바위보를 하여 진 학생의 칸을 가져오기로 정하였다. 놀이를 종료할 때까지 아쉽게도 빙고를 완성한 학생이 없었기 때문에 가장 많은 칸을 차지한 학생이 우승하였다.

'도빙고' 놀이는 도서관이 책을 읽기만 하는 곳에서 책을 가지고 놀 수 있는 공간으로 확대될 수 있다는 점에서 의미가 크다. 단, 놀이를 마친 뒤에는 뽑아 온 책들을 제자리에 꽂는 시간도 가져야 한다.

1318 책벌레들의 도서관 추적놀이

추적놀이는 책을 활용한 놀이로 다양한 체험활동을 통해 책과 도서관에 대한 이해와 친밀도를 높이기 위한 프로그램이다. 추적놀이는 크게 세 가지로 나눌 수 있다. 학교도서관 추적놀이(다양한 주제의 도서관 이용교육 프로그램으로 학교도서관 공간 활용), 학교 추적놀이(학교의 다양한 공간 활용), 공공도서관 추적놀이(공공도서관 탐방 프로그램)로 구분할 수 있다. 학교 추적놀이는 신입생을 대상으로 한 학교 안내 프로그램으로 변형할 수도 있다. 이외에도 교과연계, 진로탐색, 학교도서관 축제, 학교도서관 학급행사 등 다양하게 변형할 수 있다.

■ 추적놀이 이렇게 준비해요

1. 추적놀이 주제 정하기

추적놀이의 주제는 다양하게 정할 수 있다. 활동 주제는 책과 관련된 활동뿐만 아니라 학교의 역사와 문화, 공공도서관, 진로활동을 체험할 수 있는 다양한 주제들로 선정하면 좋다. 학교도서관 이용교육, 신입생을 대상으로 한 학교 안내, 학교축제, 학급(동아리) 행사 등 다양한 목적에 따라 주제를 달리할 수 있다. 활동 주제가 정해지면 주제에 맞게 프로그램을 기획한다.

2. 장소 선정하기

① 활동 주제가 정해지면 프로그램을 실시할 수 있는 활동 장소를 선정한다. 학교(공공)도서관이나 학교의 다양한 공간을 활용할 수 있다. 운영 가능한 특별실을 선정하고 각 특별실 담당교사와 학교의 협조를 얻어 시간표와 활동 계획을 미리 세운다.

② 각 활동 장소는 서로 지장을 받지 않도록 충분한 거리를 유지한다.

3. 프로그램 계획하기

① 프로그램은 추적놀이 주제와 관련된 내용을 중심으로 기획한다.

② 활동 내용은 공간의 특징에 맞게 다양한 책놀이를 활용하여 정한다.

4. 활동지 만들기

프로그램이 선정되면 운영에 필요한 다양한 활동지를 만든다. 참가자들에게 활동 내용을 안내해 주고 임무 수행 여부를 기록한다. 참가자들이 수행해야 하는 임무 내용 소개, 임무 수행 확인 등으로 구성된다.

5.기타

프로그램 참여자 수를 고려하여 진행 단계에 필요한 준비물을 마련한다.

■ 추적놀이 이렇게 진행해요

1. 모둠 편성인원과 진행시간

① 인원: 모둠별로 활동이 이루어지며 모둠은 5~10명으로 편성한다.
② 시간: 공간별 임무 수행 시간은 10분 정도가 적당하다.

2. 진행 방법

① 전체모임에서 프로그램을 설명하고 모둠을 구성한 후, 모둠별로 임무를 선택한다. 선택 순서는 제비뽑기나 사다리 타기 등 다양한 방법으로 정할 수 있다. 모둠별로 시작 지점을 달리하여 각 공간마다 1개의 임무를 수행하며 활동을 하도록 한다.
② 각 임무 안내자는 참여자들이 오면 문제를 제시하고 참여자들에게 활동 내용을 설명해 준다.

③ 한 임무가 끝나면 진행자는 참여자가 가지고 있는 활동지에 확인도장(스티커)을 찍어 준다. 각 모둠별로 임무를 마치고 이동하게 되면 활동 장소가 겹치게 되어 진행에 차질이 생길 수 있으므로, 임무 수행 시간 10분이 되면 동시에 움직이도록 종을 쳐서 모든 참여자가 다음 임무 장소로 동시에 이동하도록 한다.

④ 모둠 활동 중간에 돌발 임무가 주어지는데 사전에 모둠장의 전화번호를 받아 핸드폰으로 임무를 전달한다. 예를 들어 모둠원 전체가 하트모양을 만들어 진행자에게 전송하기, 모둠원들이 즉석에서 단체사진을 찍어 진행자에게 전송하기 등과 같이 모두가 함께 참여할 수 있는 것으로 한다.

⑤ 모든 임무를 완수하면 전체 집합 장소로 이동한다. 활동지에 받은 확인도장(스티커) 수를 확인한다. 확인도장(스티커) 수에 따라 상품을 준비하는 것이 좋다.

3. 주의 사항

① 임무와 임무 사이에 참가자들의 이동을 돕는 도우미를 한 명씩 배치한다. 단, 장소를 안내하지 않아도 되는 경우는 안내 표시만 하고 도우미 배치를 생략해도 된다.

② 참여자들이 적극적으로 참여할 수 있도록 주제에 맞고 다 같이 참여하여 해결할 수 있는 문제를 준비한다.

③ 공간별 임무 수행시간은 10분 정도로 하며, 모든 임무를 해결하는 데 걸리는 시간은 대략 1시간에서 1시간 30분 정도로 계획한다. 활동 시간이 너무 늘어지지 않도록 한다.

사례 1. 학교 도서관 추적놀이

도서관 이용교육 추적놀이

미션을 수행하고 나면 미션 완료 스티커를 받아 붙여 주세요.

- 모둠명:
- 일시: 2018년 ○○월 ○○일
- 장소: 인천 ○○고등학교 도서관

• 도서관 추적놀이 이렇게 따라가요

우리 모둠의 시작 미션 장소는? _____

• 도서관 추적놀이 진행방법

① 인천 ○○고등학교 도서관에 마련된 5개의 미션 장소에서 미션
   을 수행합니다.

② 모둠별로 5개의 미션을 탐방지도를 보고 하나씩 찾아갑니다.

③ 1개의 미션을 해결하는 데 제한시간은 10분입니다.

④ 지정된 미션 장소에서 해당 미션을 수행 후, 미션 결과에 따라
   스티커를 받아 스티커를 붙여 주세요.

   주의! 추적놀이 중간에 돌발 미션도 제시됩니다. 긴장을 늦추어서는
   안 돼요!

• 도서관 추적놀이 따라가기

| 미션1 |

– 장소: 브라우징룸

- 주제: 책놀이 카페(북딩고 게임과 할리갈리 게임)
- 내용: 모둠원 10명을 두 개의 팀으로 나눠 진행자의 도움으로 북딩고 게임과 할리갈리 게임을 즐기며 책의 즐거움을 맛보기!

|미션 2|
- 장소: 열람실
- 주제: 책 속 보물찾기
- 내용: 10개의 단서 카드에 나온 책 속 구절과 장면 등 힌트를 보고 어떤 책일지 찾고, 책 제목을 찾으면 책 표지를 단서 카드의 순서대로 배열한다.

|미션 3|
- 장소: 서가
- 주제: 우리들이 읽고 싶은 책(책 목록 만들기)
- 내용: 자료실에 미션지를 받아 그 안에 적혀 있는 주제를 확인하고 주제에 맞는 책을 모둠원이 각 1권씩 찾아 미션 수행지에 적는다.

|미션 4|
- 장소: 정보 검색대
- 주제: 정보 검색하기
- 내용: 미션지를 받아 그 안에 적혀 있는 문제를 확인하고, 인터넷 정보 검색을 통해 제한시간 내에 풀어 본다.

|미션 5|
- 장소: 열람실
- 주제: 그림책 속 삽화 만들기(스톱모션)
- 내용: 모둠 조장은 미션지를 보지 않는다. 조장을 제외한 모둠원이 미션지에 적힌 그림책을 서가에서 찾아 책 속 장면을 모둠원이 함께 정지동작으로 표현, 미션이 완료되면 그 장면을 핸드폰으로 찍는다.

• 학교도서관 추적놀이 프로그램

임무 장소	임무 주제	임무 방법(내용)
브라우징룸	책놀이 카페	5명이 한 모둠원이 되어 북딩고 게임과 할리갈리 등의 놀이를 즐긴다.
열람실	책 속 보물찾기	10개의 단서 카드에 나온 책 속 구절과 장면 등 힌트를 보고 책 제목을 찾으면 책 표지를 단서 카드와 순서대로 배열한다.
서가 (자료실)	우리들이 읽고 싶은 책 (책 목록 만들기)	서가(자료실)에서 임무가 적힌 종이를 받아 그 안에 적혀 있는 주제를 확인하고, 주제에 맞는 책을 모둠원이 찾아 임무 수행지에 적는다.
정보 검색대	정보 검색하기	임무가 적힌 종이를 받아 그 안에 적혀 있는 문제를 확인하고, 인터넷 정보 검색을 통해 제한시간 내에 문제를 푼다.
열람실	그림책 속 삽화 만들기 (스톱모션)	모둠장은 임무가 적힌 종이를 보지 않으며 모둠장을 제외한 모둠원은 적힌 그림책을 찾아 책 속 장면을 모둠원이 함께 정지동작으로 표현한다. 임무가 완료되면 모둠장은 그 장면을 핸드폰으로 찍어 진행자에게 전송한다.

· 추적놀이로 즐기는 신나는 학교축제(도서관 문화제)

① 인원: 모둠별로 5~10명씩 이동

② 방법

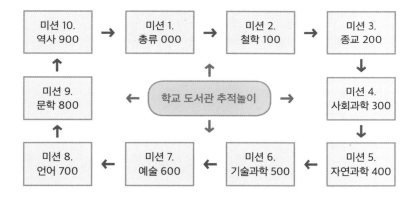

- 학교도서관 축제 운영 시 단편적인 행사에서 벗어나 책놀이, 책
  읽기, 정보 검색, 독서체험활동 등 다양한 체험활동으로 운영할
  수 있다.
- 주제 도서나 한국십진분류법(KDC)을 활용한 주제가 있는 활동
  으로 짜임새 있게 구성한다.
- 모둠별로 시작 지점을 달리하여 각 실마다 한 임무를 수행하며
  활동하도록 한다.
- 장소별 임무 수행 시간은 10분 정도가 적당하다.
- 모둠별로 추적놀이를 마친 후 추적놀이 지도에서 받은 스탬프

(스티커) 수를 확인한다.

|미션1|

- 분류번호: 000(총류)
- 주제: 도서관의 모든 것 스피드 퀴즈
- 미션 방법(내용):
  - 스피드 퀴즈로 풀어 보는 도서관에 대한 모든 지식
  - 책과 도서관에 관련된 제시어를 주고, 설명하고 맞히는 놀이
  - 문제를 말하는 개수로 점수 부여(스탬프 확인)

|미션2|

- 분류번호: 100(철학)
- 주제: 명언이 담긴 철학 책갈피 만들기
- 미션 방법(내용):
  - 주제 도서를 전시하고 명언 글귀를 복사해 둔다.
  - 명언을 골라 여러 재료를 활용하여 책갈피를 만든다.

|미션3|

- 분류번호: 200(종교)
- 주제: 나는 전설이다! 책다트 게임
- 미션 방법(내용):
  - 《우리가 정말 알아야 할 우리 신화》를 주제 도서로 제시하고 책을 소개

•책 속에 등장하는 신 이름 맞히기 게임

|미션 4|

- 분류번호: 380(민속학)
- 주제: 전통놀이 100초 미션
- 미션 방법(내용):
  •《전통놀이》를 주제 도서로 제시하고 소개
  •책 속에 제시된 전통놀이-투호, 제기, 공기놀이를 주어진 시
   간 100초 안에 수행하기

|미션 5|

- 분류번호: 400(자연과학)
- 주제: 우리 꽃 산책 책갈피 만들기
- 미션 방법(내용): 압화와 나뭇잎을 이용해 책갈피 등 소품 만들
  기 또는 책갈피 만들기

|미션 6|

- 분류번호: 500(기술과학)
- 주제: 책 만들며 놀아요! 북아트 체험
- 미션 방법(내용):
  •오침안정법을 활용한 옛 책 만들기
  •다포 만들기나 책 도장 만들기

| 미션 7 |

- 분류번호: 600(예술)
- 주제: 책 속 명장면 스톱모션
- 미션 방법(내용):
  - 주제 도서를 지정하여 전시하고, 책 한 권을 뽑아 책 속 장면 스톱모션으로 표현하기
  - 즉석사진 찍어 주기

| 미션 8 |

- 분류번호: 700(언어)
- 주제: 나는 우리말 달인 정보 검색
- 미션 방법(내용): 우리말 달인을 주제로 정보 검색 게임

| 미션 9 |

- 분류번호: 800(문학)
- 주제: 보드게임과 함께하는 책놀이
- 미션 방법(내용):
  - 책 표지 퍼즐 맞추기(문학)
  - 책 제목 젠가(문학)
  - 책 표지 할리갈리(문학)

| 미션 10 |

- 분류번호: 900(역사)

- 주제: 세계문화유산 맞히기
- 미션 방법(내용): 책 속의 세계문화유산을 제시하고 여름이나 나라 맞히기

사례 3. 학교 추적놀이(학교 공간 안내)

• 학교 추적놀이는?

학교에는 재미있는 공간이 많아요. 학교 추적놀이는 학교의 다양한 공간에서 재미있게 시간을 보내는 즐거운 놀이예요. 학교 공간을 따라가며 임무를 수행하며 신나게 놀아 볼까요.

• 어떻게 하냐고요?

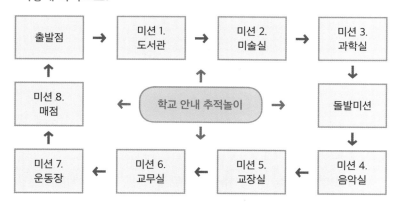

① 5명~10명씩 모둠을 구성해요!

② 신나게 놀 준비가 끝났으면 모둠별로 추적놀이 탐방지도를 받

아요!

③ 모둠별로 출발장소가 다르게 되어 있어요. 출발장소를 찾아가
서 순서대로 임무장소를 돌며 임무를 수행해요!

④ 임무수행 제한시간은 10~15분이에요. 임무수행 시간을 꼭 지
켜주세요!

⑤ 임무를 수행하면 탐방지도에 확인 스탬프(스티커)를 받아요!

⑥ 임무를 모두 수행하면 ○○로 모여 주세요.

⑦ 임무수행 결과를 확인하고 선물을 증정합니다.

|미션1|

– 장소: 도서관

– 주제: 책 속 보물찾기 책놀이 카페

– 미션 방법(내용):

　• 책 속 보물찾기

　• 책놀이(젠가, 할리갈리)

|미션2|

– 장소: 미술실

– 주제: 북아트 체험

– 미션 방법(내용): 미니 북, 옛 책 만들기 등 북아트 체험

|미션3|

– 장소: 과학실

- 주제: 신나는 과학실험
- 미션 방법(내용):
  - 탄산수소나트륨의 열분해 반응을 체험해요(달고나 만들기)
  - 알지네이트와 액화수지 반응을 실험해요(손가락 화석 만들기- 열쇠고리)
  - 비즈를 이용해 DNA를 만들어요(비즈공에 핸드폰 고리)

|미션 4|
- 장소: 음악실
- 주제: 쟁반 시(詩) 노래방
- 미션 방법(내용): 시(노래)를 제시하고 암송하는 게임

|미션 5|
- 장소: 교장실
- 주제: 그것이 알고 싶다! 우리 학교 역사알기
- 미션 방법(내용):
  - 미션지를 제시하고 교장선생님과의 인터뷰 게임을 통해 학교의 역사에 대해 답하기
  - 정보 찾기: 교장실에 있는 학교 역사에 대한 정보 찾기

|미션 6|
- 장소: 교무실
- 주제: 선생님의 서재

- 미션 방법(내용): 선생님 책상 위의 책 또는 선생님이 추천해 주는 책 이야기를 듣고 정리하기

|미션 7|
- 장소: 운동장
- 주제: 독서 퀴즈 복불복!
- 미션 방법(내용):
  • 독서 퀴즈를 풀고 복불복 벌칙 수행하기
  • 독서 퀴즈를 풀면서 트위스터 게임 즐기기

|미션 8|
- 장소: 매점
- 주제: 스피드 퀴즈 풀고 매점 상품권 타고
- 미션 방법(내용): 학교 시설과 도서관, 책에 관련된 스피드 퀴즈를 풀고 매점 상품권 타기

─── 사례 4. 공공도서관 추적놀이 ───

• 이렇게 진행해요
① 각 모둠은 배부된 리플릿에 따라 "국립어린이청소년도서관" 각 자료실, 체험활동 코너 중 10개의 미션 장소를 탐방합니다.
② 탐방은 미션 번호대로 사다리 타기를 통해 해당 자료실을 찾아

가는 방법으로 진행됩니다. 반드시 정해진 미션 순서대로 이동해야 합니다! (미션 1 → 미션 2 → 미션 3 → 미션 4 → …)

③ 그곳에는 모둠별 친구들이 함께 고민하여 수행해야 할 미션이 기다리고 있습니다.

④ 지정된 자료실 및 체험마당에서 해당 미션을 제한시간 10분 안에 수행하고, 담당 선생님으로부터 확인 스티커를 받습니다.

⑤ 도서관 추적놀이를 마친 후, 스티커 수에 따라 모둠별 점수를 부여하고 각 미션 장소에 따라 소정의 상품도 준비되어 있습니다.

⑥ 추적놀이 중 자료실 및 체험마당 미션 외에 돌발 미션도 제시됩니다.

⑦ 도서관 추적놀이를 통해 "국립어린이청소년도서관" 탐방을 마친 후, 좋았던 점과 고쳤으면 하는 점들을 생각해 보고, 우리들이 꿈꾸는 도서관을 만들어 봅시다.

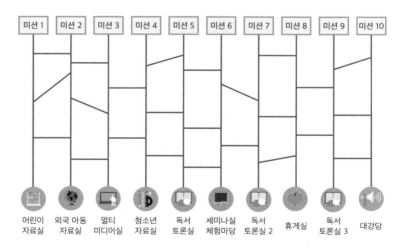

• 프로그램

임무 장소	임무 주제	임무 방법(내용)
어린이 자료실	그림책 속 삽화 만들기	해당 페이지를 읽은 후 내용을 삽화로 표현하기 위해 사물, 배경, 등장인물 등을 구상한 후 정지 동작으로 표현
외국 아동 자료실	나라별(작가기준) 도 서목록을 작성하여 세 계문학지도 완성하기	그 나라에 해당하는 작가의 책 목록을 10개 찾아 임무수행지에 작성.
멀티 미디어실	초청 작가 관련 정보 찾아보기	각 개인은 인터넷 정보 검색을 이용하여 한 문제 의 정답을 제한시간 10분 내에 찾기.
청소년 자료실	우리가 만드는 주제별 책 목록 찾기	지정 주제를 뽑은 후, 모둠원별 1권씩의 책을 찾 아서 모둠별로 10권의 책 목록을 만든 후 서명, 저자, 출판사, 추천 이유를 활동지에 적어서 제출
독서 토론실	도서관 상식 스피드 퀴즈	한 명이 나와서 문제 단어를 설명하고, 남은 9명 은 일렬로 앉아서 문제 맞히기
세미나실 체험마당	미니북 핸드폰 고리 만들기	학생별로 두 개의 체험활동을 하고, 우수작품 시 상 및 전시
독서 토론실 2	독서 퀴즈	책 관련 독서퀴즈 문제를 선택한 후, 팀별로 정답 을 논의하여 해당 단어 카드를 찾아 배열하기
휴게실	책놀이 카페 즐기기	책 표지 할리갈리 게임과 젠가 게임을 즐기기
독서 토론실 3	저자를 만나러 가요	- 초청 작가의 책을 읽고(사전과제) "유진과 유 진" 5행시 짓기 - 정호승 「시는 이다」 정의 내리기 - 메모지에 적게 하고, 전시하여 저자와의 만남을 준비하기.
돌발 문자 임무	각 조의 조장에게 문 자로 돌발 임무 제시	각 조의 조장에게 문자로 돌발 임무 제시
대강당	우리들이 꿈꾸는 도서관 만들기	도서관 추적놀이를 통해 국립어린이청소년 도서 관을 이용하면서 좋았던 점이나 아쉬웠던 점을 정리하면서, 우리들이 꿈꾸는 도서관을 만들어 보기.

5부 공동체 역량

■ [부록] 임무 확인

• 미션 도장 확인 활동지 예시 1

미션 도장 받기 Good!

MISSION 1 나의 명작 자랑
감명 깊게 읽은 책 5권을 친구들에게 추천해 보자!

MISSION 2 책 제목을 찾아라
학년별로 놓여진 임무활동지를 선택하고 책 표지의 그림을 보고 책 제목을 찾는다.

MISSION 3 훼손 도서 감상 후 나의 다짐 한마디
훼손 도서 전시를 관람하고 책을 아끼는 마음을 담아 다짐 한마디를 적어 보자!

MISSION 4 책 속 주인공 되기
통 안에 들어 있는 번호를 뽑아 해당 번호가 적힌
책 표지에 얼굴을 넣고 핸드폰으로 사진을 찍는다.

MISSION 5 책 표지 퍼즐 맞추기
학년별로 통 안에 들어 있는 책 제목을 뽑고 해당 책 표지 퍼즐을 완성한다.

MISSION 6 나를 찾아줘
책 소개 글을 읽고 책 제목 맞히기

MISSION 7 우리말 OX 퀴즈
10월 9일 한글날을 기념하여 우리말 OX 퀴즈를 풀고 우리말의 소중함을 생각해 보세요.

* 책 속 주인공 되기 MISSION 4를 성공하고 ○○초등학교 클래스팅에 사진을 남기세요.
추첨을 통해 10명에게 행운 쿠폰 한 장을 더 드립니다.

* 상품: 행운 쿠폰(스크래치 행운 쿠폰에 당첨된 선물을 드립니다!)

○○ 초등학교 도서관

미션 수행 방법

1. 도서관 선생님께 오늘의 미션을 받는다.

2. 미션을 확인하고 문제를 푼다.

   (친구들과 같이 풀면 안 돼요!)

3. 미션은 하루에 한 번만 풀 수 있다.

   (월~금, 점심시간, 방과 후에 가능. 쉬는 시간, 수업시간은 NO!)

4. 미션을 다 푼 친구들은 도서관 선생님께 와서 확인을 받는다.

5. 7개의 미션을 모두 완성한 친구들은 선생님께 와서 선물을 받는다.

* 책 속 주인공 되기 미션 4를 성공하고 ○○초등학교 클래스팅에 사진을 올리면 100명에게 행운 쿠폰 한 장 더 드립니다.

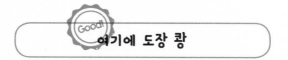

Good!
여기에 도장 쾅

미션 1	미션 2	미션 3	미션 4
미션 5	미션 6	미션 7	미션 성공! 행운 쿠폰

미션1. 나의 명작 자랑

순번	제목	지은이

미션2. 책 제목을 찾아라

제목

미션3. 훼손 도서 보고 나의 다짐 한마디

도서관 추적놀이

나에게 책은 _____ 이다.

이유는?

나는 ___ 학년 ___ 반입니다.

○○초등학교 도서관

• 학교도서관 추적놀이 임무활동지 예시: 우리들이 읽고 싶은 책

우리들이 읽고 싶은 책? 우리들이 원하는 책!

책이 가득한 보물창고에 오신 여러분들 환영합니다.

임무 주제에 맞는 책을 서가에서 찾아 읽고, 책을 추천해 주세요!
책을 읽으면서 내 속의 보물을 찾고 그 보물을 친구들에게 공개하면 임무완료!

1. 임무주제1: 행복해지고 싶다면?

하루하루 똑같이 반복되는 시간들…. 문득 그 시간들이 아깝고, 아쉬운 순간들이 있어.
이렇게 그냥 손가락 사이로 시간을 흘려내며 나의 10대를 보낼 순 없지! 그냥 그렇게
어른이 돼서 내 아이가 생겼을 때 부끄러운 모습이면 안 되잖아.

내가 30년 후에,
으음, 그럼 40대! 어른이 되어 지금의 내 나이(10대)의 아이가 있다고 상상하면서,
그 아이의 10대는 꿈을 키우며 인생을 알차게 꾸려 나가는 열정적인 시기가 되도록
내 30년 후의 자식에게 책을 추천한다면?

10대를 꿈을 키우면서 알차게 준비할 수 있도록 도와주는 책

모둠명: _____

이름	제목	지은이	출판사	한 줄만 써 봐(책 소개, 책 속 구절)

• 학교도서관 추적놀이 임무활동지 예시: 그림책 속 삽화 만들기

○○학교에 오신 여러분 환영합니다

우리 학교 도서관에는 우리나라에서 발행된
유아 및 초등학교 저학년(1~3학년) 자료가 있습니다.
동화책과 그림책을 둘러보며 순수한 동심의 세계로 들어가 볼까요!

★ 임무지령

다음 책을 찾아 청구기호를 적고, 장면을 구성해 증거자료(사진)를 제시하시오.

□ 《미술관에 간 윌리》, 앤서니 브라운, 웅진주니어, 청구기호: [   ]

다음 구절이 나오는 페이지를 찾아 장면으로 구성하기

> 너무너무 많은 점들
> 공원에 있다 보니, 몹시 괴상한 모습들이 조금씩 눈에 띄었어.

★ 임무 수행 방법

1. 다음 제목의 책을 도서검색대에서 찾아 청구기호를 적는다.

2. 청구기호의 위치를 추적하여 책을 찾아낸다.

3. 책에서 페이지를 찾아 장면을 확인한다.

4. 장면을 구성하여 역할을 분담한다.

5. 이야기 장면을 정지영상으로 표현한다.

6. 사진을 찍고, 임무수행을 확인하고 스티커를 받는다.

★ 임무 수행 규칙

1. 글의 내용이 잘 담겨 있어야 한다.

2. 모든 모둠원이 참여해야 한다.

• 학교도서관 추적놀이 임무활동지 예시: 정보 검색하기

임무 장소: 정보 검색대 -정보 검색지

★ 임무 지령

〈 인터넷을 이용하여 도서관, 책, 초청 작가 관련 정보를 찾아보기 〉

도서관은 책만 보는 곳이 아니다!
도서관의 다양한 자료들을 활용하여
내가 원하는 정보를 얻어 갈 수 있기에 우린 즐겁다!
인터넷 정보 검색을 이용하여 다음의 문제를 해결해 보세요.

★ 임무 수행 방법

① 정보 검색대에 도착한 모둠원들은 어학실에서 각자 임무활동지를 선택합니다.

② 임무활동지에 있는 문제를 인터넷 정보 검색을 통하여 제한시간 내에 풀어 봅니다.

※ 자신이 맡은 임무를 다 해결한 후 아직 해결하지 못한 친구를 도와주세요!!

③ 정답을 활동지에 모두 적은 뒤 담당교사에게 확인을 받습니다.

④ 진행교사에게 맞힌 정답 수만큼의 스티커를 받습니다.

★ 임무 수행 규칙

① 컴퓨터를 소중히 다루어 주세요.

② 10분 이내에 모든 활동을 끝마쳐야 합니다.

5부 공동체 역량